Maureen Garth

Sonnenschein

Maureen Garth

Sonnenschein

Phantasiereisen für Kinder

AURUM VERLAG

Die englische Originalausgabe erschien unter dem Titel
„Sunshine" bei HarperColins*Religious*
(a division of HarperCollins*Publishers*),
Melbourne, Australien. Die deutsche Ausgabe erscheint
mit Genehmigung des Originalverlags.
Ins Deutsche übersetzt von Gunther Seipel.
Umschlaggestaltung und Illustrationen: Daniele Kulot-Frisch

Maureen Garth: Sonnenschein – Phantasiereisen für Kinder
© 1994 Maureen Garth
© der deutschen Ausgabe Aurum in J. Kamphausen Verlag &
Distribution GmbH, Bielefeld 1998
info@j-kamphausen.de I www.weltinnenraum.de
Gesamtherstellung: Westermann Druck Zwickau

Bibliografische Information der Deutschen Nationalbibliothek
Die Deutsche Nationalbibliothek verzeichnet diese
Publikation in der Deutschen Nationalbibliografie;
detaillierte bibliografische Daten sind im Internet
über **http://dnb.d-nb.de** abrufbar.

2011

ISBN 978-3-591-08425-3

Dieses Buch wurde auf 100% Altpapier gedruckt und ist alterungsbeständig.
Weitere Informationen hierzu finden Sie unter www.weltinnenraum.de

Inhalt

Für Eleanor, mein Licht

Einleitung

Warum Kinder meditieren sollten

Kinder sind das Wichtigste in unserem Leben, denn
Kinder bedeuten unsere Zukunft. Was immer den
Kindern durch unser Beispiel und unser Vorbild,
durch den von Gleichaltrigen ausgeübten Druck,
durch Lehrer und Medien vermittelt wird, hat einen positiven oder negativen Einfluß auf ihr Leben.
Widersprüchliche Botschaften bringen Kinder
schnell durcheinander. Daher ist es ungeheuer wichtig, im Umgang mit ihnen die positiven Aspekte des
Lebens zu bestärken und ihnen dadurch zu einer
festen inneren Grundlage zu verhelfen, die ein Gefühl der Sicherheit und Geborgenheit vermittelt
und auf der sich ihre eigene Wahrheit begründet.

Ein Weg dazu ist Meditation. Wie schön wäre es,
wenn wir unseren Kindern schon in frühen Jahren
beibringen könnten, zu meditieren und nach innen
zu gehen, so daß sie mit einem Gefühl der Zen-

triertheit und Bewußtheit in ihre Jugendjahre und ihr Dasein als Erwachsene hineingehen.

Von den Erfahrungen, die Ihre Kinder machen, wenn sie von Ihnen, den Eltern, durch den Meditationsprozeß geführt werden, werden nicht nur Ihre Kinder profitieren, auch Ihnen selbst wird die Nähe guttun, die dieses spezielle Erlebnis des Teilens mit sich bringt.

Die meisten von uns halten Meditation für etwas, das Erwachsene tun, aber auch Kinder können das Meditieren genießen und als Bereicherung für ihr Leben empfinden. Kinder sind ohnehin in der Lage, sich sehr gut auf neue Erfahrungen einzustellen. Indem wir ihnen zeigen, wie man meditiert, gewöhnen wir ihnen etwas an, das ihnen ihr ganzes Leben hindurch sehr hilfreich sein wird.

Wir alle wollen stets das Beste für unsere Kinder. Mit einem Kind zusammen zu meditieren, ist eine ganz besondere Form, sich mit ihm zu verbinden und sich ihm mitzuteilen, ihm Zeit und Aufmerksamkeit zu schenken. Dadurch stärken wir das Kind und schenken ihm innere Sicherheit.

Machen wir uns nicht selbst das größte Geschenk, indem wir unserem Kind zu größerer Selbstachtung verhelfen und ihm zeigen, wie es über seine inneren Kraftquellen verfügen und zentriert sein kann?

Gerade weil Kinder so empfänglich sind, sind sie auch sehr anfällig für die vielen Impulse, die sie von allen Seiten bekommen. Es ist unsere Aufgabe, die Impulse zu verstärken, die ihrem Gemüt, ihrem Herz und ihrer Seele besonders guttun. Wenn die Werte, die unsere Kinder lernen, positiv und lebensbejahend sind, werden sie zu kraftvollen Erwachsenen heranwachsen, die das Gefühl haben, daß ihr Leben sinnvoll ist, und die von daher in der Lage sind, es erfolgreich zu meistern. Orientieren sich unsere Kinder jedoch an negativen Werten und negativem Denken, werden sie auch als Erwachsene nur mit geringer Wahrscheinlichkeit inneres Glück und innere Geborgenheit finden.

Bis zum Alter von fünf Jahren lernen Kinder eine ganze Reihe komplexer Dinge: sich auf eine Sache zu konzentrieren, zu sitzen, zu krabbeln, gesprochene Worte aufzunehmen, Bewegungen zu beobachten und nachzuahmen, zu gehen, zu sprechen, selbständig zu essen und schließlich kleine Erwachsene zu werden, die nicht länger völlig auf fremde Hilfe angewiesen sind. Das Tempo, in dem sie in dieser Zeit wachsen, ist absolut erstaunlich.

Noch bevor sie in die Schule kommen, haben die meisten Kinder sehr viele komplexe Informationen aufgenommen und sich mit komplizierten Techniken vertraut gemacht. Dazu kommt, daß schon die jüngsten Schulkinder einem harten Wettbewerb ausgesetzt sind und daß schon in jungen Jahren Entscheidungen für einen bestimmten Lebensweg getroffen werden.

Indem wir die Empfänglichkeit unserer Kinder möglichst früh nutzen, um ihr Vertrauen in ihre eigenen inneren Kraftquellen zu stärken, können wir sie viel besser für all das wappnen, was ihnen in Zukunft begegnen wird. Beispielsweise können wir uns darin üben, die positiven Eigenschaften unserer Kinder immer wieder hervorzuheben und ihnen beim Umgang mit ihren negativen Eigenschaften helfen, indem wir ihnen unsere Liebe und unser Vertrauen schenken. Auf diese Weise stärken wir ihr so zerbrechliches Ich und erlauben ihnen, ganz sie selbst zu sein und sich so zum Ausdruck zu bringen, wie sie sind.

Eine Möglichkeit, dies zu erreichen, bietet die Meditation. Meditation ist wie das Öffnen einer Tür, die vorher geschlossen war. Indem wir mit Kindern meditieren, laden wir sie ein, auf eine ganz andere Weise zu denken, so daß ein tiefes Vertrauen in ihnen entsteht, das ihnen ihr ganzes Leben über erhalten bleibt.

Kinder aller Altersstufen sind sehr gut in der Lage, neue Ideen anzunehmen, denn schließlich gibt es für sie keinen Grund, das nicht zu tun. In diesem Punkt sind sie Erwachsenen gegenüber eindeutig im Vorteil, die oft vor allem deswegen Schwierigkeiten mit neuen Ideen haben, weil ihnen ihr rationaler Verstand im Wege ist. Kinder haben zum Beispiel kein Problem mit der Vorstellung, zum Mond fliegen zu können, während Erwachsene sich meist gleich mit den damit verbundenen praktischen Schwierigkeiten beschäftigen. Für Kinder gibt es keinen Grund, nicht zum Mond fliegen zu können. Sie spüren den Zauber in allem, was sie umgibt, einfach weil ihr Geist akzeptiert, daß dieser Zauber da ist.

Meditation und Phantasie gehen Hand in Hand. Und weil Kinder von Natur aus über eine sehr lebhafte Phantasie verfügen, haben sie auch keine Schwierigkeiten damit, in Meditation zu gehen. Sie werden bestimmt schon festgestellt haben, daß Ihr Kind sich manchmal in einer anderen, ihm eigenen Welt aufzuhalten scheint, zu der Sie selbst keinen

Zugang haben. Vielleicht beobachtet es gerade ganz versunken, wie eine Ameise sich mit einer Last abschleppt, die viel zu groß für sie ist. Kinder können so sehr in dem aufgehen, was sie beobachten, daß sie sich all der anderen Dinge um sie herum überhaupt nicht mehr bewußt sind. Das ist eine Form des Tagträumens, die dem Meditieren sehr ähnlich ist.

Wenn Sie Kindern die Beschreibung eines Kaninchens oder eines Hauses vorlesen, werden sie sich mühelos ein ganz lebendiges und plastisches Bild davon machen können. Etwas ganz Ähnliches geschieht, wenn Sie die Kinder in den Zustand der Meditation führen, denn auch hier laden Ihre Worte sie ein, sich innere Bilder zu machen.

Die Phantasiereisen dieses Buches beginnen alle in einem wunderschönen Garten, in dem sich die Kinder sicher und geborgen fühlen und wo ihnen nichts Unangenehmes zustoßen kann. *Stern, Schutzengel und Sorgenbaum* (siehe Seite 33) haben in der Einleitung jeder Phantasiereise ihren festen Platz und schaffen die richtigen Voraussetzungen für die Reise. Die Gartenumgebung ist als Ausgangspunkt deshalb so wichtig, weil sich die Kinder aus der Sicherheit und Geborgenheit dieses

Gartens heraus mit Freude und Unternehmungs-
lust an ihre meditative Erfahrung heranwagen.

Die Sorgen und Nöte der Kinder

Wir wissen nicht, welche Sorgen unsere Kinder haben, denn nicht immer sind sie in der Lage, sich uns
entsprechend mitzuteilen. Vielleicht sind sie einfach noch zu jung, vielleicht finden sie aber auch
keinen Weg, ihren Gefühlen Ausdruck zu verleihen.
Als Eltern stellen wir eine Veränderung im Verhal-
ten unserer Kinder fest und machen uns Gedanken
über deren Ursache. Wenn wir nachfragen, bekommen wir von den Kindern häufig zu hören, mit ihnen sei alles in Ordnung, denn entweder wollen sie
nicht über das Problem sprechen oder sie wissen
nicht, wie sie es in Worte fassen können.

Daher wird zu Beginn einer jeden Phantasiereise
der Sorgenbaum erwähnt (siehe Seite 35), der sich
als äußerst hilfreicher Freund all der Kinder erwie-
sen hat, die mit meinen Phantasiereisen vertraut
sind. Bevor sie sich auf die eigentliche Reise begeben, hängen sie ihre Sorgen an den Sorgenbaum
oder legen sie auf einen seiner vielen kräftigen Zweige.

Ein Kind (dessen Eltern dachten, es sei völlig sorgenfrei) versetzte der Gedanke, dem Baum seine Sorgen zu überlassen, in große Aufregung. Beunruhigt fragte es, ob der Sorgenbaum wirklich alle Sorgen aufnehmen könne, die es mit sich herumschleppte. Daran wird deutlich, wie wenig wir wirklich über das wissen, was unsere Kinder plagt.

Ein Junge aus meinem Bekanntenkreis hatte kurz hintereinander seine Großmutter und einen Nachbarn, der sich viel um ihn gekümmert hatte, verloren. Die Eltern wußten, daß ihr Sohn sich deswegen Sorgen machte, und stellten fest, daß es ihm sehr half, diese Sorgen an den Sorgenbaum zu heften. Nach einer Weile begann das Kind, Phantasiereisen für seine Eltern anzuleiten, und sagte ihnen, welche Sorgen sie dem Sorgenbaum zu übergeben hätten! Die Familie befand sich zu jener Zeit gerade in einer sehr schwierigen Phase, weil geschäftliche Fehlschläge dazu geführt hatten, daß sie ihr Haus verlassen und umziehen mußte. Indem der Junge seine Eltern durch den Meditationsprozeß führte und ihnen sagte, welche Sorgen an den Baum gehängt werden sollten, bekam er das Gefühl, den unglücklichen Umständen nicht hilflos ausgeliefert zu sein.

Nach dem Tod eines Familienmitglieds wollte ein Mädchen wiederholt die Ostermeditation aus dem Buch *Sternenglanz* machen, in der gesagt wird, daß es keinen Tod gibt und daß der Geist weiterlebt. Auch diesem Mädchen hat der Sorgenbaum während des Trauerprozesses sehr geholfen.

Warum ich mit meiner Tochter zu meditieren begann

Schon in meinem ersten Buch *Sternenglanz* habe ich betont, wie wichtig es ist, so früh wie möglich mit dem Meditieren anzufangen. Mit meiner damals dreijährigen Tochter Eleanor begann ich, einfache Visualisationsübungen durchzuführen, um sie nachts ruhiger werden zu lassen. Obwohl sie gut schlief, hatte sie ein paarmal Alpträume. Ein Alptraum ist für Kinder wie für Erwachsene ein schreckliches Erlebnis. Das Kind zittert, und die Eltern fragen sich, was wohl die Ursache für diese quälenden und bedrückenden Träume sein mag. Ist es etwas, was das Kind tagsüber erlebt hat? Aus meiner Sorge heraus gab ich Eleanor einen Schutzengel mit, um ihr ein Gefühl von Sicherheit zu vermitteln. Ich beschrieb ihr, wie sich die Flügel des Schutzengels um sie legten, so daß sie sich behütet und geborgen fühlen konnte. Dann setzte ich Eleanor in einen Garten und ließ in ihr ein Bild von dem entstehen, was es in ihrem Garten alles gab. Das konnten Tiere sein oder ein Schiff, das sie bestieg, oder eine Wolke, auf der sie dahinschwebte.

Aus diesen Übungen erwuchs im Laufe der Zeit allmählich ein Thema, das ich an den Beginn jeder Meditation stellte: Stern, Schutzengel und Sorgenbaum. Ich gab Eleanor einen Stern mit, dessen Licht durch ihren Körper strömte. Ich stellte ihr einen Schutzengel zur Seite, füllte ihr Herz mit Liebe und schenkte ihr einen Sorgenbaum, an den sie alles hängen konnte, was sie belastete. Dann führte ich sie in ihren Garten.

Eleanor gefielen diese Phantasiereisen so gut, daß sie gar nicht mehr einschlafen wollte, ohne daß ich eine davon mit ihr gemacht hatte. Daraus entstand weit mehr als ein regelmäßiges Einschlafritual. Wir schufen eine wunderschöne Verbindung zwischen uns, an der nichts fehlte und die ich in dieser Form noch nie zuvor erlebt hatte.

Die Phantasiereisen stellten auch meine Fähigkeiten als Geschichtenerzählerin auf die Probe. Ich hatte mich nie für besonders phantasievoll oder eine große Märchenerzählerin gehalten, doch als ich auf Eleanors Bettkante saß, flogen mir die Bilder nur so zu. Am Beginn jeder Reise standen immer der Stern, der Schutzengel, der Sorgenbaum und das Gartentor. Normalerweise hatte ich überhaupt keine Vorstellung von dem, was ich danach sagen wollte. Doch sobald ich für Eleanor das Tor zu ihrem Garten öffnete, kam mir irgendein Bild, um das sich die Phantasiereise an jenem Abend drehte.

Manchmal war es nur eine einzige Sache, beispielsweise eine vorüberziehende Wolke. In dem Moment, in dem ich diese Wolke erwähnte, kamen mir weitere Bilder. Vielleicht hatte die Wolke plötzlich Zügel und schwebte herab, um Eleanor mitzunehmen und mit ihr in den Himmel zu steigen. Auch ich geriet dabei in einen Zustand der Meditation und die Bilder, die ich sah, entsprangen meinem Unterbewußtsein.

Eleanor macht die Meditationen aus dem ersten Buch übrigens immer noch genauso gern wie früher und wie die Reisen aus den späteren Büchern. Ich kann mich noch gut an das erste Mal erinnern, als ich die Pandabär-Meditation (aus *Sternenglanz*) mit

ihr machte. Als ich die Beschaffenheit des Bären-
fells beschrieb und schilderte, wie der Pandabär mit
ihr schmuste, konnte ich an ihrem Gesicht ablesen,
wie sehr sie sich freute. Erst vor wenigen Wochen
habe ich diese Meditation wieder mit ihr gemacht
und sie reagierte auf die gleiche Weise: mit Freude
und Vergnügen.

In die Bücher *Sternenglanz* und *Mondlicht* nahm
ich eine Reihe von Phantasiereisen auf, die ich mit
Eleanor und vielen Kindern, die bei uns übernach-
teten, durchgeführt habe. Immer wenn diese Kinder, auch nach längerer Pause, wieder einmal über
Nacht bei uns bleiben, bitten sie mich, eine Phantasiereise mit ihnen zu machen. Und sie erinnern sich
noch genau an die vorangegangenen Themen. In
der hektischen Welt von heute finde ich es besonders interessant, daß die Kinder sich an die Ruhe
erinnern, die sie während dieser Reisen ins Land
der Phantasie erlebten, und daß sie den Wunsch haben, dies ein weiteres Mal zu genießen.

Reaktionen von Kindern

Folgende aufschlußreiche Aussagen von Kindern erreichten mich nach der Veröffentlichung meiner Bücher *Sternenglanz* und *Mondlicht*.

Isabella, zwei Jahre alt: Sie legte ihre »juckenden Mückenstiche« am Sorgenbaum ab.

Simon, neun Jahre alt: Er hatte immer Schwierigkeiten mit dem Einschlafen gehabt, weil er einfach nicht zur Ruhe kam. Damit hat er mittlerweile keine Probleme mehr. Hartnäckig besteht er jedoch darauf, daß seine Mutter jeden Abend eine Phantasiereise mit ihm macht.

Die Zwillinge Dani und Nicki, beide drei Jahre alt: Sie fragen immer nach den Büchern, die »Bilder in ihren Kopf malen«.

Phoebe und Jasmine, zwei Schwestern, vier und sechs Jahre alt: Sie bestehen darauf, daß ihnen jeden Abend eine Phantasiereise vorgelesen wird und vergewisserten sich vor jeder Urlaubsreise, daß ihre Eltern auch *Sternenglanz* und *Mondlicht* eingepackt haben.

Alyson, acht Jahre alt: Ich traf Alyson in Santa Cruz, Kalifornien, wo ich Bücher signierte. Seit einem Jahr hatte sie Phantasiereisen aus *Ster-*

nenglanz gemacht und malte mir ein Bild, das zeigen sollte, wie sie sich vor und nach den *Sternenglanz*-Reisen fühlte. Das erste Bild zeigte ein ziemlich verrücktes Kind, dessen Haare in allen Richtungen vom Kopf abstanden; das zweite zeigte einen Engel, der mit gefalteten Händen und glücklichem Gesichtsausdruck im Bett lag.

Nachdem die Phantasiereisen aus meinem Buch *Mondlicht* versuchsweise in den Unterricht an der Eleanora Heights School integriert worden waren, erreichten mich die folgenden Kommentare.

Claire, neun Jahre alt: Als Frau Moore uns aus diesem Buch vorlas, fühlte ich mich sehr entspannt und ganz ruhig. Ich mochte die Geschichte mit den Schneeflocken und mir gefiel die Stelle sehr, an der wir uns völlig einschneien ließen. Es machte einen Riesenspaß, die Phantasiereise war sehr einfallsreich und ich fühlte mich auch hinterher noch richtig ruhig. Auch die Wortwahl und die Gefühle, die durch die Worte bei mir ausgelöst wurden, mochte ich sehr.

Clara, neuneinhalb Jahre alt: Beim Vorlesen fühlte ich mich sicher und ruhig und auch hinterher war ich deutlich ruhiger als sonst. Besonders gefiel mir die Stelle, an der wir uns von den Schneeflocken einschneien ließen, und die Szene am Strand mit dem Zauberball.

Julianna, neundreiviertel Jahre alt: Ich war noch nie zuvor im Schnee gewesen. Daher war die Stelle mit dem Schneemann für mich besonders schön. Ich konnte dabei richtig gut entspannen und war danach sehr fröhlich. Bei einer Phantasiereise war ich so entspannt, daß ich beinahe eingeschlafen wäre.

Viele Erwachsene, die keine Kinder haben und teilweise auch kinderlos bleiben wollen, haben mir berichtet, daß sie meine Bücher für sich selbst gekauft haben. Das zeigt nur, daß das Kind in uns allen genährt werden will.

Wie man anfängt

Die Meditationen in diesem Buch sind als Anregung gedacht, als eine Art Hinweis auf die Möglichkeiten, die wir haben, und nicht etwa als feste Vorgaben zur Ausgestaltung von Phantasiereisen. Entscheidend ist, daß Sie sich mit dem wohl fühlen, was Sie sagen, und die Meditationen mit Ihren eigenen Worten leiten und nicht mit meinen. Die den

Meditationen zugrundeliegenden Bilder und Vorstellungen können Auslöser für Szenen sein, die Sie dann zusammen mit dem Kind oder den Kindern weiter erkunden wollen.

Am Beginn jeder Meditation steht der Stern (siehe Seite 33), mit dem die Aufmerksamkeit der Kinder so fokussiert wird, daß die notwendigen Voraussetzungen für die nachfolgende Meditation gegeben sind. Der Stern ist integraler Bestandteil dieser Meditation und Ausgangspunkt der Entspannung. Mit ihm beginnt die Visualisation. Auf den Stern folgt der Schutzengel – oder wenn sie ihn lieber anders nennen wollen, der weise alte Mann oder die weise alte Frau – und der Sorgenbaum (falls Sie ihn für nötig halten). Dann führen Sie die Meditation durch, für die Sie sich entschieden haben. Tun Sie, was immer der Stimmung des Kindes oder Ihrer eigenen Gemütsverfassung entspricht.

Ich verwende einen Stern als Fokus, aber Sie können genausogut den Mond oder die Sonne wählen. Wichtig ist, daß Sie Ihrem Kind etwas geben, an das es sich halten und auf das es seine Aufmerksamkeit richten kann.

Wenn Sie beispielsweise den Mond nehmen, könnten Sie sagen, daß der Mond seine Finger über die ganze Welt ausbreitet, so daß er nachts von jedem Menschen gesehen werden kann, daß er aber einen ganz besonderen Mondstrahl nur zu Ihrem Kind herunterschickt. Dieser glitzernde Mondstrahl fällt wie ein feiner Sprühregen auf alle Körperteile Ihres Kindes und läßt sie aufleuchten.

Sollten Sie die Sonne gewählt haben, könnten Sie sagen, daß sie wie ein goldener Ball voller Wärme und Licht am Himmel hängt. Ein breiter Sonnenstrahl tanzt zum Bett Ihres Kindes herab, liebkost und umhüllt es und füllt jeden seiner Körperteile mit Sonnenlicht. *Sie* entscheiden, mit welchem Gestirn Sie sich am wohlsten fühlen, ob mit der Sonne, dem Mond oder dem Stern.

Der Ton der Stimme

Wenn Sie die Meditationen lesen, haben Sie vielleicht den Eindruck, daß sie nicht besonders lang sind. Bitte denken Sie aber daran, sehr langsam und mit völlig entspannter Stimme zu sprechen und immer wieder Pausen zu machen, um die einzelnen Szenen sacken zu lassen, damit das Kind, das ja seine Augen geschlossen hat und dessen Aufmerksamkeit ganz nach innen gerichtet ist, die Szene ohne Mühe visualisieren und sich in sie einfühlen kann. Dabei ist die Art und Weise, wie Sie Ihre Stimme einsetzen, von entscheidender Bedeutung. Sie werden merken, daß es am besten ist, die Stimme etwas zu senken, in beruhigendem Tonfall zu sprechen und dabei allmählich immer langsamer zu werden. Eine Stimme, die tief und entspannt klingt, hat etwas Hypnotisches.

Manche Meditationen sind länger als andere. Wenn Sie müde sind, nehmen Sie am besten eine kurze. Ich habe festgestellt, daß es Kindern weniger um die Länge der Meditation geht, sondern mehr darum, daß Sie die Meditation anleiten und daß Sie es *für das Kind* tun.

Für Lehrer

Auch an Eleanors Grundschule habe ich Meditationen geleitet, was aus verschiedenen Gründen eine ausgesprochen interessante Erfahrung war. Meines Wissen gibt es nur sehr wenige Schulen, die Meditation unterstützen. Eleanors Lehrerin Helen, die gleichzeitig die Schulleiterin war, sagte, sie würde es begrüßen, wenn ich an der Schule probeweise eine Einführung in die Meditation geben würde. Das war für mich, für die Kinder und für die Schule ein Novum.

Die Kinder waren ganz aufgeregt, als ich sie bat, sich in einen Kreis zu setzen, um zu meditieren. Ich erklärte ihnen, daß wir jetzt etwas Neues versuchen würden und daß Meditation so ähnlich sei wie das Erzählen einer Geschichte, mit dem Unterschied, daß sie die Augen schließen sollten und ich eine Geschichte entfaltete, die sich in ihrem Inneren abspielte.

Dann begann ich, den Stern vorzugeben und das von ihm herabfließende Licht zu beschreiben. Das Öffnen des Herzens, der Schutzengel, der Sorgenbaum und der Garten folgten, und schließlich erzählte ich eine meiner Geschichten. Sobald ich damit anfing, merkten wir, daß einige Kinder sofort in die Entspannung gingen und sich die ganze Meditation über nicht mehr bewegten, während andere herumzappelten, nicht stillsitzen konnten und Mühe hatten, ihre Augen geschlossen zu halten. Wie sich herausstellte, waren die Kinder, die keine Probleme hatten, der Meditation zu folgen und in der Entspannung zu bleiben, auch die besseren

Schüler. Die Zappelphilippe hingegen waren nur in begrenztem Maße in der Lage, ihre Aufmerksamkeit auf eine bestimmte Sache zu lenken, und hatten auch sonst Schwierigkeiten, sich zu konzentrieren.

In den folgenden Wochen unterhielt ich mich viel mit den Kindern, die bei den Meditationen nicht zur Ruhe kamen. Es zeigte sich, daß sie nicht genau begriffen hatten, was sie sehen sollten oder was von ihnen erwartet wurde. Ich erklärte ihnen, daß es durchaus möglich sei, zu meinen Worten passende innere Bilder wahrzunehmen. Wenn das dennoch aus irgendeinem Grund nicht klappte, tauchten ja vielleicht Bilder auf, die mit meinen Worten nichts zu tun hatten, von denen sie mir aber berichten konnten, wenn sie wollten.

Helen und ich stellten überrascht fest, daß die Kinder mit den größten Lernschwierigkeiten sich am deutlichsten verbesserten. Im Unterschied zu vorher waren sie auf einmal fähig, Prozesse zu Ende zu denken. Auch die Qualität ihrer Erzählungen verbesserte sich und machte deutlich, daß sie nun in der Lage waren, ihre Vorstellungskraft viel besser einzusetzen.

Damals ermutigte ich die Kinder auch dazu, ihre Geschichten zu »veröffentlichen«. Sie diktierten sie mir aus ihren Schulheften und ich brachte sie in getippter Form zu Papier. Bevor sie an meinen Meditationen teilgenommen hatten, drehten sich ihre Geschichten um ihre Familien, ein Picknick, Fahrräder und so weiter. Von den wenigen Schülern und Schülerinnen abgesehen, die von Anfang an gut visualisieren konnten, machten die Kinder dabei von ihrer Phantasie und Vorstellungskraft kaum Gebrauch. Wieder bemerkten Helen und ich überrascht, daß sich der Inhalt ihrer Geschichten änderte, wenn die Kinder häufiger an den Meditationen teilgenommen hatten. Die Schilderungen wurden bunter, phantasievoller und verrieten mehr Kreativität.

Um die Entfaltung der kindlichen Vorstellungskraft zu fördern, sollten wir jede Chance nutzen. Schließlich sehen wir uns alle irgendwann mit Einschränkungen konfrontiert, die wir akzeptieren müssen, um durchs Leben zu kommen. Unser Geist jedoch sollte frei und aktiv sein. Es wird uns besser gelingen, Probleme zu lösen, wenn wir unseren Horizont erweitern und uns nicht nur auf den begrenzten Raum beschränken, mit dem wir manchmal auskommen müssen.

Wenn ich die Meditationen vor dem Schlafengehen durchführe, lasse ich Eleanor an einem Ort im

Garten, von dem aus sie friedlich in den Schlaf hinübergleiten känn. In der Klasse führe ich die Kinder an einen Punkt, an dem ich mit gutem Gefühl sagen kann: »Jetzt bin ich still und lasse euch eine Weile dort. Laßt euren Gedanken freien Lauf. Ihr seid hier absolut sicher und geborgen. Bald werde ich euch wieder hier abholen und zurückbringen.« Dann überlasse ich sie, abhängig von ihrer Konzentrationsfähigkeit, fünf oder zehn Minuten lang ihrer Meditation, bevor ich sie wieder abhole, aus dem Garten führe und leise das Tor hinter ihnen schließe. Ich führe sie am Sorgenbaum vorbei, hülle sie in einen goldenen Mantel und bitte sie, die Augen zu öffnen, sobald sie dazu bereit sind.

Nach der Meditation sollten Sie jedes Kind fragen, was es gesehen oder getan hat. Sie werden überrascht sein, was dabei herauskommt. Manche sehen andere Welten, einige spielen mit Tieren, andere suchen am Ende der Regenbogenmeditation (aus *Sternenglanz*) den Topf mit Gold. Ein Mädchen sagte einmal, sie habe den »Weltraum« gesehen und beschrieb ihn in wunderschönen Bildern. Ihre Klassenkameradin, die sich sehr für das Thema intergalaktische Reisen interessierte, meinte dazu verächtlich: »Sei doch nicht albern. Ohne Raumanzug und Helm kann doch kein Mensch in den Weltraum reisen.«

Manche Kinder werden sehr viel zu erzählen haben, andere sind ein wenig schüchtern und sagen kaum etwas. Wenn diese Kinder nicht nur einmal in der Woche, sondern jeden Tag meditieren würden, wären sie innerlich viel freier. Wer vor dem Lernen meditiert, wird den Stoff viel leichter in sich aufnehmen können.

Wie man meditiert

Meditation ist eine Zeit der Einkehr und der Stille, eine Erfahrung, die jedem Menschen zugänglich ist, der sich die Zeit dafür nimmt und Gelegenheiten dafür schafft.

Um zu meditieren, setzt man sich allein oder zusammen mit anderen ruhig hin. Am besten ist es, ganz aufrecht zu sitzen (wenn man sich nämlich zu bequem hinsetzt, läuft man Gefahr einzuschlafen). Die Kleidung, die man zum Meditieren trägt, sollte locker und bequem sein. Arme und Beine sollten möglichst nicht verschränkt werden, weil das auf Dauer Unbehagen hervorruft.

Unser normaler Bewußtseinszustand wird auch als Beta-Zustand bezeichnet. In diesem Zustand verrichten wir unsere alltäglichen Aktivitäten. In der Meditation geraten wir in den sogenannten Alpha-Zustand, in dem wir besonders gut Szenen und Bilder vor unserem inneren Auge erscheinen lassen können. Im Theta- und Delta-Zustand befinden wir uns in noch tieferer Meditation. Die meisten Menschen fühlen sich im Alpha-Zustand ausgesprochen wohl und kehren erfrischt und mit neuer Kraft daraus zurück.

Es bleibt jedem einzelnen überlassen, wie lange er oder sie meditieren will. Fünf oder zehn Minuten können bereits genug sein. Um jedoch in den vollen Genuß der Meditation zu kommen, sind zwanzig Minuten besser. Meditation fördert innere Ruhe, baut Spannungen ab und löst Ängste, weil man einen größeren Abstand zu seinen Problemen gewinnt.

Natürlich verschwinden die Probleme nicht einfach, aber in der Meditation kann man sich über seinen Umgang mit ihnen klar werden. Manchmal zeigt sich die Lösung wie von selbst, wenn wir uns die Zeit nehmen, ganz still zu sein.

Stern, Schutzengel und Sorgenbaum

ber deinem Kopf leuchtet
ein wunderschöner Stern.
Dieser Stern ist ein ganz
besonderer Stern. Es ist
dein eigener Stern, der
nur für dich leuchtet. Er
kann jede Farbe haben,
die du magst. Vielleicht siehst du einen lila
Stern – oder rosa – oder blau – oder gelb –
oder er ist vielleicht getupft – oder silbern?
Da dieser Stern ganz dir gehört, kann er jede
Farbe haben, die dir gefällt.

Dein Stern ist mit weißem Licht gefüllt –
mit wunderschönem weißem, strahlendem
Licht. Stell dir vor, wie dieses Licht zu dir
nach unten fließt, bis zu deinem Kopf. Dieses
reine Licht fließt jetzt durch deinen Kopf in
deinen Körper hinein, bis dein ganzer Körper
davon erfüllt ist.

Du spürst, wie das Licht deine Arme hin-
unterfließt, ganz hinunter, bis es deine
Hände erreicht und von dort in jeden einzelnen Finger strömt.

Jetzt fühlst du, wie das Licht deine Brust
und deinen Bauch ausfüllt, bis hinunter zu
den Beinen, und wenn du es dort spürst,
dann laß es noch weiter hinunterfließen, bis
zu den Füßen und in jeden einzelnen Zeh.

Schau nun in dein Herz und fülle es mit
Liebe für alle Menschen und Tiere auf der
Welt. Sie sind alle deine Freunde, ob sie groß
sind oder klein. Kannst du sehen, wie dein

Herz größer und größer wird? Es dehnt sich aus, weil du so viel Liebe darin hegst – Liebe für all die Menschen und Tiere und natürlich für dich selbst.

Da wartet schon dein Schutzengel, um dich in seine goldenen Flügel einzuhüllen, bevor er dich in seinen Garten führt. Die Flügel des Engels sind sehr groß und sehr weich, so zart wie Daunen. Jeder Mensch hat seinen eigenen Schutzengel. Dieser Schutzengel sorgt für dich und läßt dich niemals allein. Vergiß nie, daß du jemanden hast, der dich beschützt und sehr lieb hat.

Dein Schutzengel geht jetzt mit dir in einen Garten. Es ist dein Paradiesgarten, der schon darauf wartet, daß du kommst. Aber vorher kommst du noch an einem großen Baum vorbei, der vor dem Tor steht. Dieser Baum ist der Sorgenbaum. Alles, was dich irgendwie bedrückt, kannst du an diesen

Baum hängen. Vielleicht hast du Streit mit deinem Freund oder deiner Freundin gehabt – oder irgend etwas in der Schule macht dir Schwierigkeiten. Der Baum nimmt all deine Sorgen und deinen Kummer an. Er nimmt alles auf seine Zweige, was du ihm übergeben möchtest.

Der Schutzengel öffnet jetzt das Tor für dich. Du bleibst stehen und staunst. So schöne Farben hast du noch nie gesehen. Sieh nur die Blumen, das weiche Gras – und wie alles duftet. Du saugst den Duft durch die Nase ein. Das Gras ist frisch und grün und der Himmel strahlend blau mit kleinen weißen Schäfchenwolken. Dein Garten ist voller Liebe und Frieden.

Vielleicht haben Sie das Gefühl, daß diese Einstimmung sehr lang ist, aber es ist wichtig, die Szene, in die Sie Ihr Kind führen, sehr sorgsam und liebevoll zu erschaffen. Wenn Ihr Kind daran gewöhnt ist, kann die Einstimmung kürzer ausfallen. Der Stern und der Engel müssen dann nicht mehr in allen Einzelheiten beschrieben werden. Es genügt eine kürzere Version wie die folgende:

Über dir leuchtet ein wunderschöner Stern. Der Stern ist mit weißem Licht gefüllt. Laß dieses Licht vom Stern in deinen Körper fließen, bis du es in jedem Körperteil spürst und dein Herz voller Liebe ist für alle Geschöpfe, seien sie groß oder klein.

Dein Schutzengel wartet schon auf dich. Er legt seine goldenen Flügel um dich und geht mit dir zum Sorgenbaum. Laß alles, was dir Sorgen macht, beim Baum. Dann öffnet dein Schutzengel das Tor und geht mit dir in den Garten.

In deinem Garten wachsen die schönsten Blumen; das Gras und die Bäume sind dunkelgrün und der Himmel ist tiefblau mit kleinen weißen Wolken.

Wenn Sie die Szene aufgebaut haben und die Kinder eingetaucht sind, können Sie alles machen, was den Kindern Freude bereiten könnte. Werden Sie selbst wieder zum Kind. Sie werden überrascht sein, wieviel Freude es Ihnen machen wird, Ihre Phantasie schweifen zu lassen.

Sonnenschein

Heute liegt dein Garten im hellen Sonnenlicht. Die Tiere kommen auf dich zu, ihr Fell ist ganz warm von der Sonne. In der leichten Brise, die durch deinen Garten weht, bewegen sich die Federn der Vögel. Die hohen Blumen recken sich der Sonne entgegen und verströmen einen wunderbaren Duft, der durch die nahegelegenen Bäume und Büsche zieht.

Sanft fallen die Sonnenstrahlen durch die
Bäume und werfen an manchen Stellen
Lichtflecken auf das Gras und die Blumen,
während andere Stellen im Schatten liegen,
so daß die Pflanzen und Tiere die Kühle des
Schattens erleben können, bevor sie die
Wärme der Sonne willkommen heißen. Alles
wirkt wie mit Licht besprenkelt. Fühl doch
mal, wie das Sonnenlicht um dich herum deinen Körper wärmt und wie wohl du dich
darin fühlst!

Alle Tiere lieben das Licht der Sonne.
Wenn sie auf dem üppigen grünen Gras aus
ihrem Schlaf erwachen, rekeln sie sich in der
Wärme und strecken ihre Glieder.

Einige Tiere liegen auf Felsen, die die
Wärme der Sonne in sich aufgenommen und
gespeichert haben. Diese Tiere spüren die
Wärme des Steins auch noch, wenn die
Sonne schon längst untergegangen ist.

Schmetterlinge in den herrlichsten Farben tanzen zwischen den Bäumen. Einige von ihnen haben ganz große, tiefblaue Flügel mit einem verästelten hellblauen Muster. Andere sind klein und ganz weiß, bis auf ihre schwarzen Augen und Fühler. Wieder andere haben orangefarbene Flügel mit schwarzer Zeichnung. Wenn die Schmetterlinge durch die Sonnenstrahlen tanzen, leuchten noch viele andere Farben und Muster auf.

Während du den Weg entlanggehst, spürst du, wie die Sonne deinen Körper wie mit zarten Fingern berührt. Der Sonnenschein erhellt deinen Garten auf ganz besondere Weise. Die Strahlen reichen tief in die Erde hinein und helfen den Pflanzen und dem Gras beim Wachsen. Alles um dich herum leuchtet im Licht der Sonne auf.

Vielleicht möchtest du dich auf das Gras legen, das sich wie Samt unter deinen Füßen anfühlt, und das Sonnenlicht über deinen Körper wandern lassen. Das fühlt sich ganz toll an.

Während du so in der Sonne liegst, merkst du, daß ein Sonnenstrahl direkt auf dich zukommt. Das ist dein ganz besonderer Sonnenstrahl, der dich immer besucht, wenn du an die Sonne denkst und an die Welt der Sonne, die so völlig anders ist als unsere.

Du liegst einfach da und der Sonnenstrahl umgibt dich mit seinem Licht und hebt dich wie in einer Wiege empor, hoch in den Himmel hinein, dahin, wo das Sonnenlicht herkommt. Du fühlst dich wohl in diesem Licht und in dieser Wärme, denn dein Sonnenstrahl geht ganz sanft und liebevoll mit dir um, während er dich hoch über die Erde hebt. Vielleicht willst du ja noch höher hinaus, damit du das Licht sehen kannst, das überall auf der Erde allem, was es berührt,

Leben und Wärme schenkt.

Von ganz dort oben kann dein Sonnenstrahl auch genau auf dein Haus scheinen und dir zeigen, wie er Licht und Wärme in dein Haus schickt und jede Person damit berührt, die dort wohnt. Vielleicht nimmt er dich auch zu einem großen Wasserfall mit und scheint auf das Wasser, das von dort herunterfällt. Dann siehst die Wassertropfen, die wie funkelnde Diamanten durch die Luft fliegen, bevor sie auf den warmen Felsen landen und verdunsten.

Dein Sonnenstrahl kann dich überall hinführen, wo du gern sein willst …

Der alte Baum
und seine Freunde

Die frische Luft fährt dir durch die Haare wie die Finger einer Hand. Die Sonne schickt ihre goldenen Strahlen herab und alles, was von diesen Strahlen berührt wird, glüht in seinem Glanz auf. Die Blumen verströmen ihren wunderbaren Duft und nicken dir mit ihren Blütenköpfchen zu, als ob sie dich begrüßen wollten.

Vielleicht hast du Lust, auf deinem Weg ins Innere des Gartens ein paar Blumen zu pflücken. Du pflückst ein paar Blumen ab und merkst, daß sofort neue Blumen nachwachsen, denn in deinem besonderen Garten stirbt nie etwas. Du kannst so viele Blumen pflücken, wie du nur willst, in allen Formen und Farben. Sobald du deine Hand nach den Rosen ausstreckst, um sie zu pflücken, sind ihre Dornen verschwunden, und sie können dich nicht in die Finger stechen. Willst du dir einen Strauß zusammenstellen und ihn mitnehmen?

Von überallher kommen jetzt Tiere. Wohin gehen sie nur? So viele Tiere sind unterwegs – große und kleine: Leoparden, Zebras, Löwen, Elefanten, Kaninchen und sogar ein paar Gazellen.

Alle möglichen Vögel sausen vorbei, fliegen hoch und nieder und wirbeln durch die

Luft. Tauben, Schwalben und Möwen kann ich sehen und sogar ein paar Adler mit ihren weit auseinandergebreiteten Schwingen.

Plötzlich bleibt eine Löwin neben dir stehen, damit du auf ihren Rücken springen und mit den Tieren mitziehen kannst. Die Löwin hat unglaublich viel Kraft. Ihre Pfoten machen beim Gehen ein dumpfes Geräusch auf dem Boden. Schnell wie der Wind läuft sie dahin und die vorbeiziehende Luft zerzaust deine Haare und wirft sie hin und her.

Die Löwin wird langsamer, die anderen Tiere holen auf. Die Vögel setzen sich auf die Zweige eines uralten, knorrigen Baumes. Allmählich kommen auch die anderen Tiere unter dem Baum zur Ruhe. Großvater Baum begrüßt sie, indem er mit seinen Zweigen wedelt. Er ist der älteste Baum in deinem Garten und er ist ungeheuer weise. Die Tiere lassen sich gern unter seinen Zweigen nieder und reiben ihr Fell an der Rinde seines Stammes. Die Vögel machen es sich in seinem Geäst gemütlich und lassen seine Blätter um ihr Gefieder streichen.

Großvater Baum streckt dir einen Zweig zum Gruß entgegen. Er möchte, daß du dich ganz nah an seinem Stamm auf die große Wurzel setzt, die im Erdreich verschwindet. Kannst du erkennen, wer da hinter dem Stamm hervorspäht? Das ist ja eine der schönsten Elfen, die du je gesehen hast! Ihre Flügel sind zartrosa. Sie trägt ein silbernes Kleid und hat eine große Schleife im Haar. Neben ihr steht eine kleine Elfe in einem grünen Gewand. Sie trägt einen Hut, dessen Rand ihr schräg über das linke Auge hängt, und Schuhe mit nach oben gebogenen Spitzen. Hinter dem Baum stehen noch viel mehr Elfen und Feen, die alle auf dich zukommen, um dich zu begrüßen.

Großvater Baum ist sehr froh, daß du gekommen bist, um ein wenig Zeit mit ihm, den Tieren und den kleinen Wesen zu verbringen. Am allerliebsten hat er es, wenn sich die Kinder mit dem Rücken gegen seinen kräftigen Stamm lehnen und nach oben schauen, wo seine vielen Zweige hoch in die Luft ragen.

Die Feen und Elfen spielen wundervolle Musik. Vielleicht hast du ja Lust, mit einem der Tiere oder auch ganz allein zu tanzen! Oder du sitzt einfach bei Großvater Baum und schaust den anderen zu …

Eine Sternenreise

Du kommst in deinen Garten und spürst, wie die frische Nachtluft gegen deine Wangen streicht, dein Haar zerzaust und deinen Körper umweht.
Die Blumen beugen sich in der leichten Brise zu dir herüber, als wollten sie dir zu verstehen geben, daß gleich etwas Besonderes geschehen wird.

In deinem Garten sind alle ganz aufgeregt. Du begreifst, daß du dich auf eine weite,

weite Reise begeben wirst, die dich vielleicht in eine ganz andere Welt führt. Würde dir das gefallen? Manche Menschen sagen, sie würden sich auf einer Rakete bis zu den Sternen schießen lassen, und vielleicht machst du es ja genauso. Hast du dir schon einmal überlegt, wie es wäre, zu den Sternen zu fliegen? Ich glaube, das macht einen Riesenspaß!

Stell dich einfach mitten auf die Lichtung in die Nähe von Großvater Baum und schau nach oben zu den vielen Sternen, die über dir am Himmel stehen. Alle schicken ihr zauberhaftes Licht hinunter in deinem Garten, genau an die Stelle, wo du gerade stehst. Wenn du dir die Sterne genau anschaust, erkennst du , daß sich einer von ihnen ein wenig von den anderen unterscheidet. Zu diesem Stern wirst du gleich reisen.

Ein glänzender, weißer Lichtstrahl kommt auf dich zu. Das weiße Licht ist wie eine Verbindung aus Energie, die dich ganz weit nach oben heben kann. Du spürst, wie sich dein Körper langsam vom Gras hebt und hoch über die Erde hinweg mitten in den Himmel hinein schwebt. Was für ein schönes Gefühl das ist, so frei zu schweben und nur von dieser Lichtsäule getragen zu werden! Die Luft um dich herum ist frisch und kühl, im samtschwarzen Himmel glitzern die Sterne und senden ihr Licht aus, das wir auf der Erde als kleine Lichtpunkte sehen.

Der Lichtstrahl wird immer schneller und trägt dich immer höher. Du kommst an vielen kleineren Sternen vorbei und schließlich stehst du auf dem Stern, den du dir ausgesucht hast.

Schau dir die Oberfläche des Sterns unter deinen Füßen einmal genau an. Du wirst merken, daß sie ganz anders ist als die der Erde, auf der du normalerweise stehst. Sie ist über und über mit kleinen Glitzerpunkten bedeckt, die den Platz beleuchten, auf dem du stehst, und dir deinen Weg zeigen.

Ganz in der Nähe ist ein Wasserfall. Wenn du dich darunter stellst, merkst du, daß dein Körper nicht in Wasser gebadet wird, sondern in ganz besonderem Sternenlicht, so daß du schließlich selbst funkelst und strahlst wie Sternenglanz.

Vielleicht gibt es auf deinem Stern ja sogar Lebewesen. Wie die wohl aussehen mögen? Ich stelle mir vor, daß sie lange Haare haben und wunderschöne silberne Kleider tragen. Und natürlich sprechen sie eine fremde Sprache, aber du verstehst genau, was sie sagen. Schau doch mal, ob du diese Sternenwesen findest! Bestimmt freuen sie sich, daß jemand so weit gereist ist, um sie kennenzulernen ...

Die Nixe
und ihre Familie

ein Garten ist heute besonders schön und scheint dich schon am Tor zu begrüßen. Die Blumen beugen sich zu dir herüber und nicken dir zu, vielfarbige Schmetterlinge drängen sich um die Lilien und Narzissen.

Während du weiter in deinen Garten hineingehst, hörst du auf einmal ein Platschen im Wasser und Gelächter. Wo kommen diese Geräusche nur her?

Du gehst um eine Wegbiegung und plötzlich siehst du das Meer. Wie schön es ist! Das Wasser liegt sauber, frisch und blau vor dir. Im strahlenden Sonnenschein leuchtet der Sand auf dem Strand ganz hell, fast weiß. Du gehst ein wenig am Strand entlang und kommst an eine kleine, gut geschützte Bucht, wo man besonders gut schwimmen kann.

Große Felsen ragen aus dem kristallklaren Wasser und kleine bunte Fische schwimmen um sie herum. Warum tauchst du nicht einfach ins Wasser und schwimmst mit ihnen mit? Die Fische glänzen in allen Regenbogenfarben und sind ganz unterschiedlich geformt.

Nanu! Was ist das? Da bewegt sich doch etwas im Wasser unter dir. Warum tauchst du nicht einfach hinab und schaust nach? Wenn Lebewesen unter der Wasserober-

fläche wohnen, müssen sie ja schließlich
auch ein Haus dort unten haben. Kannst du
erkennen, wo es liegt? Ich glaube, diese Was-
serwesen wollen mit dir spielen.

Komm doch wieder an die Wasseroberfläche und setz dich auf einen der Felsen.
Schau mal, auf einem anderen Felsen ganz
in deiner Nähe sitzt schon jemand.

Das ist ja eine Nixe mit einem Fischschwanz und wunderschönen, langen Haaren, die sie in der Sonne kämmt, damit sie
trocknen. Wie das wohl ist, eine Nixe zu sein.
Sie lächelt dich an und winkt dir zu.

Die Nixe hat strahlend weiße Zähne und
heißt dich mit ihrem wunderbaren Lächeln
willkommen. Sieh mal! Dort auf den anderen
Felsen, die aus dem Wasser ragen, sitzen die
Kinder der Nixe und winken dir zu.

Die Nixe möchte dich zu sich nach Hause
mitnehmen. Sie wohnt in einer Unterwasser-

höhle. Und als sie dich an die Hand nimmt
und sanft mit dir vom Felsen gleitet, rutschen ihre Kinder von den anderen Felsen
und tauchen auch mit unter.

Zusammen taucht ihr ganz tief unter Wasser bis in die Höhle der Nixe, wo ihr Mann,
der Wassermann, schon auf euch wartet. Er
hat Essen vorbereitet, und die ganze Familie
freut sich, daß du zum Seetang-Frühstück
bei ihnen bleibst.

Die Kinder kichern und sind überglück-
lich, daß du mit ihnen spielen willst. Sie
bringen dir einen Fischschwanz, den du dir
anschnallen kannst. Jetzt weißt du, wie es
sich anfühlt, wie ein Fisch im Wasser zu
schwimmen und mit einer Schwanzflosse hin
und her zu schlagen. Das macht vielleicht
Spaß, mit dieser tollen Familie zu schwimmen!

Später kannst du dich ja wieder auf einen
Felsen setzen und die vorbeifahrenden

Schiffe beobachten. Oder du winkst den Leu-
ten am Strand mit deinem neuen Fischschwanz zu. Na, die werden sich wundern ...

Die Reise im Ballon

Klare, frische Luft berührt deine Haut und du fühlst, wie die sanfte Brise, die durch deinen Garten streicht, deine Haare zerzaust.

Blumen in allen Farben recken stolz ihre Köpfchen in die Höhe und zeigen dir, wie schön sie sind. Die Erde hat die Strahlen der Sonne in sich aufgenommen und fühlt sich unter deinen Füßen ganz warm an.

Ein paar Tiere kommen auf dich zu, um dich zu begrüßen. Sie sind ganz aufgeregt. Der Löwe brüllt dir seinen Willkommensgruß entgegen und seine Mähne wogt, während er herbeigelaufen kommt. Ein kleiner Affe zupft dich am Ärmel, weil er möchte, daß du ganz schnell mit zu Großvater Baum kommst.

Großvater Baum bewegt seine Zweige und läßt seine grünen Blätter rascheln, um dich willkommen zu heißen. Der kleine Affe klettert an seinem dicken Stamm hoch und setzt sich auf einen Zweig ganz oben im Baum. Von dort aus deutet er aufgeregt auf etwas, das auf der Lichtung steht.

Das ist ja ein riesiger Ballon, an dem ein kleiner Korb aus Weidengeflecht hängt. Der Ballon hat blaue, grüne, rote und gelbe Streifen, die nach oben und unten immer schmaler werden. In der Mitte sind sie am breitesten. Die Farben des Ballons heben sich deutlich vom tiefen Blau des Himmels ab und glühen im Licht der Sonne wie Leuchtfarben.

Steig doch einfach mal in den Korb. Du wirst sehen, daß er viel größer und bequemer ist, als er von außen aussieht. Jetzt kommt ein leichter Wind auf und der Ballon hoch über dir beginnt sich langsam zu bewegen. Der Nordwind kommt und fragt, ob er dich mit dem Ballon in die Höhe heben und über die Felder gleiten lassen soll. Möchtest du das?

Du kannst den Ballon mit einem kleinen Hebel steuern, der in dem Korb angebracht ist. Wenn du diesen Hebel nach vorn drückst, hebt der Ballon von der Erde ab und steigt in den Himmel.

Großvater Baum winkt zum Abschied mit seinen Zweigen, die Vögel kommen aus ihren Nestern und fliegen ein Stück mit. Die anderen Tiere setzen sich auf die Lichtung und warten, bis du wiederkommst.

Der Wind schiebt den Ballon immer weiter voran. Du hältst dich an dem großen, gelben Haltebügel fest, der zwischen den Verstrebungen angebracht ist, die den Korb mit dem Ballon verbinden.

Mit diesem Ballon kannst du fliegen, wohin du willst. Du kannst so hoch in die Luft steigen wie nie zuvor; oder du kannst den Nordwind bitten, ganz sanft gegen den Ballon zu blasen, damit du dich wie in einer Spirale drehst.

Wenn du wieder landen willst, mußt du nur den Hebel nach hinten ziehen, und schon sinkst du ganz sacht nach unten. Mit einem leichten Plumps setzt der Ballon wieder auf dem Boden auf.

Wo bist du wohl gelandet? Vielleicht bist du ja wieder bei Großvater Baum und den

Tieren, aber vielleicht auch in einer anderen Stadt, an einem ganz fremden Ort oder sogar in einem anderen Land ...

Der Zauberhut

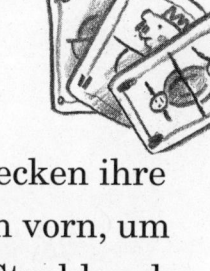

ie Blumen strecken ihre Köpfchen nach vorn, um die goldenen Strahlen der Sonne einzufangen. Du hörst, wie der Wind in den Blättern der vielen Bäume raschelt, die in deinem Garten stehen. In deinem Garten ist alles in heller Aufregung. Die Vögel fliegen eilig in eine bestimmte Richtung; die Kaninchen kommen aus ihren Löchern und hüpfen an dir vorbei. Ihre Pfoten machen ein dumpfes

Geräusch, wenn sie den Boden berühren. Wo laufen denn nur alle hin? Schau doch mal nach!

Es ist gar nicht so einfach, mit den Tieren Schritt zu halten, denn sie rennen so schnell. Aber jetzt werden sie langsamer, damit du auch mitkommst. Eines der Kaninchen nimmt dich bei der Hand, und während du neben ihm herrennst, hast du das Gefühl, daß deine Füße nur so über den Boden fliegen.

Jetzt sind die Kaninchen stehengeblieben und zeigen auf einen kleinen, dreibeinigen Hocker, der vor Großvater Baum steht. Mitten auf dem Hocker liegt ein sehr großer Hut. Der scheint für dich zu sein.

Der Hut ist hellgrün mit schmalen gelben Schlitzen und einer breiten Krempe. Ein buntes Band mit einer großen Schleife ist darumgebunden. Setz ihn doch mal auf! Ich

glaube, es ist ein Zauberhut. Wenn du ihn
auf dem Kopf hast, kannst du den Kaninchen und den anderen Tieren alle möglichen
Zauberkunststücke vorführen.

Sieh mal, hinter dem Hutband und aus
deinen Ärmeln kannst du Spielkarten her-
vorziehen! Unter der Krempe kommt ein lan-
ger Schal zum Vorschein, den du, wenn du
willst, unter deinem Kinn zusammenbinden
kannst.

Nimm den Hut doch mal ab und schau
hinein! Nanu, da steckt ja eine hübsche
weiße Taube drin! Und ich glaube sogar, daß
die Taube ein Ei in den Hut gelegt hat. Wenn
du magst, kannst du die Taube in die eine
und das Ei in die andere Hand nehmen. Vielleicht schlüpft ja sogar ein Taubenküken
heraus.

Mit diesem Hut kann man wirklich eine
Menge Spaß haben! Wenn du willst, kannst

du dich damit sogar in Luft auflösen! Setz ihn einfach auf und wünsche dir, unsichtbar zu sein. Dann kannst du herumlaufen, ohne daß dich jemand sieht. Das ist doch toll, oder nicht?

Dieser besondere Hut kann dich auch an jeden Ort bringen, an dem du gern sein möchtest. Wenn du jemanden besuchen willst, setzt du ihn einfach auf und schon bist du da! Vielleicht willst du ja bei einer Freundin vorbeischauen oder in ein anderes Land reisen. Dieser Hut könnte dich nach Disneyland bringen, wo du Mickey Mouse treffen kannst, oder an den Nordpol. Dort kannst du auf dem Eis herumschlittern und vielleicht den Weihnachtsmann und die Weihnachtsfrau besuchen.

So ein wunderbarer Zauberhut! Immer wenn du ihn aufsetzt, bist du froh und mußt lachen …

In den Wolken

ein ganzer Garten riecht heute nach dem wunderbaren Duft der Blumen, die darin wachsen. Der Himmel hat eine wunderschöne, tiefblaue Farbe, das weiche grüne Gras glitzert noch vom Tau, den der Morgennebel auf die Blüten und Blätter gelegt hat.

Leg dich doch einfach in das weiche Gras und schau zu, wie die Wolken über den prächtigen blauen Himmel ziehen.

Wenn du genau hinschaust, merkst du, wie in den Wolken Gesichter und Gestalten auftauchen, die du vorher gar nicht gesehen hast. Wie kann das sein?

Spring doch einfach auf die kleine Wolke, die gerade auf der Lichtung gelandet ist! Ein kleiner, roter Sattel ist darauf festgeschnallt und ein Paar goldene Zügel liegen bereit. Deine Wolke trägt dich hoch über die Erde hinaus – mitten in den Himmel. Spürst du, wie die Wolke vom Boden abhebt? Großvater Baum winkt dir mit seinen Zweigen zu und ein paar Vögel fliegen neben deiner Wolke her.

Du steigst immer höher und läßt die Erde immer tiefer unter dir zurück. Deine kleine Wolke fliegt im Zickzack auf andere Wolken zu, durch sie hindurch und immer weiter bis zu einer großen Mutterwolke. Dort hält sie schließlich an.

Wenn du möchtest, kannst du jetzt absteigen und auf die Mutterwolke klettern. Spring mal ein bißchen auf der Wolke herum, dann kannst du nämlich fühlen, wie weich sie ist, obwohl sie dein ganzes Gewicht trägt. Du kannst auch von einer Wolke zur nächsten hüpfen, ohne herunterzufallen, denn hier oben in den Wolken wirkt die Schwerkraft anders.

Du kannst auch ein Stück aus einer Wolke herauszupfen und es so formen, daß es aussieht wie das Gesicht deiner Mutter oder deines Vaters. Wenn du willst, kannst du auch die Gesichter anderer Familienmitglieder formen, vielleicht das deines Bruders oder deiner Schwester, oder du versuchst mal die Gesichter und Körper von Tieren: eine Katze vielleicht oder eine Löwin mit ihren Löwenbabies.

Manche Wolken sind klein und dünn. Du kannst sie zu einer großen Wolke zusammenballen und dann so zurechtdrücken, daß sie genau so groß ist, wie du sie haben willst. Dann kannst du aus dieser Wolke ganz besondere Gesichter formen.

Über dir steht eine Wolke, die nach Regen aussieht. Schiebe sie doch einfach über eine Gegend der Erde, die aussieht, als ob sie etwas Regen gebrauchen könnte. Und dann drückst du die Wolke sanft zusammen, bis es anfängt zu regnen. Wenn du unter dieser Wolke stehen bleibst, kannst du eine Dusche nehmen.

Vielleicht gibt es ja noch andere Regenwolken, die du ein wenig hin und her schieben kannst. Oder willst du lieber noch ein paar Figuren formen?

Der grüne Zug

 ie eine pralle goldene Kugel hängt die Sonne am Himmel. Ihr sanfter Schein taucht dich in ein warmes Licht, sanft streichelt die frische Luft dein Gesicht. Nur ein paar kleine Wolkenfetzen sind zu sehen, der Himmel erstrahlt in tiefem Blau.

Irgend etwas fühlt sich heute anders an in deinem Garten, so, als ob gleich etwas passieren würde. Hörst du etwas?

War das nicht das Pfeifen eines Zuges? Hörst du das auch? Genau, da pfeift ein Zug. Und da kommt er auch schon um die Kurve. Was für ein wunderbarer Zug das ist, ganz grün und glänzend. Der Lokomotivführer zieht an einer Kette und die Lokomotive tutet und stößt eine Dampfwolke aus.

Jetzt läuft der Zug in den Bahnhof ein. Spring doch einfach auf und fahr ein Stück mit! Keiner weiß, wohin dieser Zug fährt, er kann dich an ganz viele verschiedene Orte bringen und du kannst eine Menge Abenteuer erleben.

Während der Zug über die Gleise rattert, kannst du von einem Wagen zum nächsten springen. Immer wieder hörst du das Tuten der Lokomotive und die eisernen Räder machen Geräusche, als wollten sie dir etwas mitteilen.

Kannst du verstehen, was sie sagen?

Jeder Wagen dieses Zuges sieht anders aus. Manche sehen aus wie in einem Wildwestfilm, andere scheinen aus der Zukunft zu kommen und bestehen aus ganz fremden Materialien, wieder andere stammen aus längst vergangenen Zeiten. Du kannst mit diesen Eisenbahnwagen einhundert Jahre zurück oder zweihundert Jahre in die Zukunft gehen, ganz wie du willst. Aber vielleicht möchtest du ja auch in der Zeit bleiben, in der du gerade lebst.

In einigen dieser Wagen gibt es bequeme Betten, auf denen du herumhüpfen oder in denen du schlafen kannst. Die Reise dauert nämlich sehr lang. Sanft rollt der Zug auf auf den Gleisen und manchmal legt er sich ein wenig in die Kurve.

Wenn du Hunger hast, kannst du in den Speisewagen gehen. Dort gibt es alle möglichen Gerichte aus vielen verschiedenen Ländern.

Du kannst auch bis ganz an die Spitze des Zuges gehen und den Lokomotivführer treffen. Ich bin sicher, daß er dir gern zeigt, wie die Pfeife funktioniert und wie man den Zug in den Kurven langsamer und auf gerader Strecke wieder schneller werden läßt.

Warum probierst du nicht einfach mal aus, wie es ist, Lokomotivführer zu sein? Bestimmt findest du irgendwo eine Mütze, die dir paßt ...

Die Außerirdischen

er Himmel ist klar und die Sonne scheint warm auf die Stelle in deinem Garten, wo du gerade stehst. Die Bäume flüstern sich etwas zu und deuten auf die hohen Berge in der Ferne. Die Umrisse dieser Berge heben sich deutlich von dem strahlend blauen Himmel ab und ihre Gipfel sind mit kleinen weißen Schneehauben bedeckt, die aussehen wie Zuckerguß.

Am Fuß der Berge funkelt etwas. Dort muß etwas Glänzendes sein, so etwas wie ein Spiegel. Willst du mal nachsehen, was das sein kann?

Hast du dich schon mal gefragt, ob es auf anderen Planeten Lebewesen gibt? Ich glaube, daß Außerirdische uns manchmal auf der Erde besuchen kommen. Sie zeigen sich aber nicht immer, sondern bleiben lieber für sich, weil nicht alle Menschen verstehen würden, warum sie gekommen sind.

Was da am Fuß des Berges glänzt, könnte ein Raumschiff sein, in dem sich das Licht der Sonne spiegelt.

Kannst du das Raumschiff erkennen? Groß und silbern steht es da. Ein paar Antennen ragen aus ihm heraus und glänzen im Sonnenlicht. Mit diesen Antennen halten die Außerirdischen die Verbindung zu ihrem Mutterschiff und zu ihrem Heimatplaneten.

Wahrscheinlich hast du es schon gemerkt:
Die Wesen, die in diesem intergalaktischen
Raumschiff zur Erde gereist sind, sind ge-
kommen, um dich zu treffen.

Jetzt wird aus dem Bauch des Raumschiffs
eine Treppe heruntergelassen. Ein Außerir-
discher erscheint auf der obersten Stufe und
winkt dir zu. Du sollst näherkommen und
dir das Raumschiff von innen anschauen.
Steig einfach die Treppe hoch und gib deinem neuen Freund die Hand, um ihn auf der
Erde willkommen zu heißen.

Kannst du erkennen, wie dein Freund aussieht? Weltraumbewohner sehen nicht immer so aus wie wir, aber das macht nichts.
Nimm die Hand, die dir der Außerirdische
reicht, und geh mit ihm ins Innere des
Raumschiffs. Dort sind noch andere Außerirdische, die dich herumführen und dir alles
erklären.

Das Innere dieses Raumschiffs hat mit dem Inneren unserer Flugzeuge nur wenig zu tun. Die Computer sind viel kleiner und viel leichter zu bedienen und von den blinkenden Lichtern einmal abgesehen sind die Geräte alle weiß. Du setzt dich ans Steuer des Raumschiffs und siehst von da aus, daß alle Wände breite Fenster haben, so daß du nicht nur nach vorn, sondern auch zu den Seiten und nach hinten herausschauen kannst.

Würdest du gern mit dem Raumschiff starten und dorthin fliegen, wo die fremden Wesen herkommen? Wenn du sie fragst, erlauben sie es dir ja vielleicht …

Die Weltbibliothek

ie Luft in deinem Garten ist frisch und kühl und ein leichter Wind fährt durch deine Haare. Weiße Wolken ziehen lautlos über den blauen Himmel und die sanfte Wärme der Sonne umgibt deinen Körper wie ein leichter Mantel. Das herabgefallene Laub liegt wie ein weicher Teppich unter deinen Füßen.

Der Duft der Rosen weht zu dir herüber. In deinem Garten gibt es jede Menge Rosen in allen Farben: gelbe, weiße, rosafarbene, rote und purpurfarbene. Diese Farben passen gut zu dem Grün der Bäume und Sträucher, das die Blumen vor den heißen Strahlen der Mittagssonne schützt.

Durch die Bäume hindurch kannst du ein großes Gebäude erkennen, das von hohen, mit Reliefs bedeckten Säulen umgeben ist.

Um in dieses Gebäude hineinzukommen, mußt du viele Stufen hochsteigen. Über der wuchtigen und reich verzierten Eingangstür hängt ein Schild mit der Aufschrift »Weltbibliothek«. Möchtest du hineingehen?

Du kommst als erstes in eine riesige Eingangshalle. Auf dem Marmorfußboden ist ein kompliziertes Muster zu sehen. Über die ganze Eingangshalle verteilt und in den Gängen, die in alle Richtungen führen, stehen Marmorstatuen von gelehrten Männern und Frauen.

Die Gänge führen in große Säle, in denen
die Bücherregale bis unter die Decke reichen
und alle sind voll mit Büchern. Wenn du ein
Buch von ganz oben haben willst, mußt du
auf eine lange Leiter steigen, die auf Rollen
an den Regalen entlang gleiten kann.

Hier findest du Bücher zu jedem Thema,
das du dir nur vorstellen kannst. Es gibt
Bücher über Weltraumfahrt und das Weltall,
Märchenbücher und Bücher über die verschiedenen Völker, die auf der Erde leben.
Andere Bücher enthalten Geschichten über
Familien wie deine, über Kinder oder Tiere.
Wieder andere berichten von wagemutigen
Menschen, die auf hohe Berge klettern, Flugzeuge bauen oder in weit entfernte Länder
reisen. Wenn du willst, erfährst du hier alles
über vergangene Zeiten, beispielsweise über
die Zeit, in der die Dinosaurier lebten oder
die ersten Menschen die Erde bewohnten.

In welchem Saal dieser Bibliothek möchtest du dich am liebsten aufhalten? Was interessiert dich am meisten?

Auf dem Jahrmarkt

u gehst in deinen Garten und spürst sofort, daß etwas in der Luft liegt. Die Blumen neigen einander ihre Köpfchen zu, um sich etwas mitzuteilen, und die Zweige der Bäume bewegen sich im leichten Wind, als wollten sie dich willkommen heißen. Die Vögel, die auf den Ästen der Bäume sitzen, putzen ihr Gefieder und zwitschern aufgeregt durcheinander.

Während du den Weg entlanggehst, hörst du lautes Stimmengewirr. Kannst herausfinden, wo diese ganzen Geräusche herkommen? Wenn du es weißt, dann geh in diese Richtung.

Nanu, auf der Lichtung steht ja ein Jahrmarkt mit ganz vielen Buden und Karussells! Einige Karussells können dich hoch in die Luft heben und herumwirbeln. Wenn du da mitfährst, mußt du bestimmt unheimlich lachen, weil du immer eine Weile mit dem Kopf nach unten hängst, bevor du wieder herumgedreht wirst. Wenn du danach wieder auf der Erde stehst, bist du wahrscheinlich erst mal ganz wackelig auf den Beinen.

Außerdem gibt es da noch diese kleinen Autos, mit denen du herumfahren kannst. Und wenn ein anderes Auto deinen Weg kreuzt, stoßt ihr beide zusammen. Das macht aber nichts, denn außen an den Autos sind diese guten Gummipuffer angebracht, damit bei einem Zusammenstoß niemand verletzt wird.

Auf breiten, glatten Rutschen kannst du von ganz hoch oben in die Tiefe sausen. Das ist lustig, denn beim Hinunterrutschen spürst du so ein Kribbeln im Bauch. Das willst du gleich nochmal machen.

Dann gibt es da noch dieses wunderschön bemalte Karussell. Es ist mit Spiegeln verziert, in denen du sehen kannst, wie du auf dem Pferd, das du dir ausgesucht hast, immer im Kreis herum reitest. Vielleicht ist es das weiße Pferd mit der langen, wallenden Mähne, das so aussieht, als wolle es gleich abheben. Vielleicht sitzt du aber auch auf dem schwarzen Pferd, das sich auf die Hinterbeine gestellt hat.

Du kannst auch eines der vielen Spiele ausprobieren. Versuch doch mal, Bälle in den

Mund eines Clowns zu werfen, der seinen Kopf immer hin und her dreht. Das kann ziemlich schwierig sein und manchmal geht der Ball ganz knapp am Ziel vorbei. Aber wenn du dich konzentrierst, wirst du es schon schaffen.

In der Bude direkt vor dir muß man Pfeile genau in die Mitte einer Zielscheibe werfen. Schaffst du das? Wenn ja, kannst du einen der vielen Preise gewinnen.

Wo willst du noch hingehen? Auf einem Jahrmarkt kann man so viel machen …

Der Vogel mit den purpurnen Flügeln

eute fliegen viele Vögel in
deinem Garten umher und
landen auf den Zweigen
der grünen Bäume und
Büsche ganz in deiner
Nähe. Die Bienen summen
geschäftig, während sie
von Blüte zu Blüte schweben,um den köst-
lichen Nektar einzusammeln, und Schmetterlinge in den buntesten Regenbogenfarben
flattern an dir vorbei.

Großvater Baum scheint in sich hineinzulächeln. Warum nur? Ich glaube, auf einem seiner Zweige sitzt etwas ganz Besonderes. Schon neigt dieser weise alte Baum einen seiner dicken Astarme zu dir herunter. Du steigst darauf und er hebt dich hoch und setzt dich auf einem Zweig ab, der so weit oben liegt, daß du von da aus die ganze Umgebung überblicken kannst.

In der Ferne siehst du einen kleinen Vogel, der auf das dichte Blätterdach von Großvater Baum zufliegt. Als der Vogel näherkommt, siehst du, daß er unglaublich schön ist und sich deutlich von allen anderen Vögeln unterscheidet. Er heißt Parthia.

Sein Schnabel ist himmelblau, das Gefieder strahlt in einem satten Purpurton und auf dem Kopf erheben sich blaue Federn in der gleichen Farbe wie der Schnabel. Die Füße dieses Vogels sind leuchtend gelb.

Hättest du Lust, einmal genauso bunt zu sein wie Parthia? Oder bist du mit deinen Farben ganz zufrieden? Wenn du ein Vogel wärst, hättest du vielleicht grüne Flügel, einen gelben Schnabel und orangefarbene Krallen. Oder wäre dir mehr nach einem weißen Gefieder mit ein paar Farbtupfern ganz oben auf dem Kopf und hellroten Krallen?

Parthias Augen blitzen, der Vogel hat viel Humor. Er mag es, wenn Kinder in seiner Nähe sind und diesen Teil des Gartens aufsuchen. Wenn du ihn darum bittest, bringt er dir bestimmt das Fliegen bei.

Parthia lauscht den Winden und folgt ihnen. Sie erzählen ihm Geschichten über all das, was in den anderen Teilen des Gartens vor sich geht. Am liebsten aber singt er und er hat die schönste Singstimme, die du je gehört hast. Hör mal genau zu, dann kannst du vielleicht selbst bald so singen.

Soll Parthia dir beibringen, wie man fliegt, wie man von einem Zweig abhebt und in der Luft herumsegelt, wie man nach unten saust und hin und her flitzt? Vielleicht zeigt er dir auch, wie man im Kreis fliegt.

Die Winde flüstern dem kleinen Vogel mit den purpurfarbenen Flügeln zu, daß sie euch beide beim Fliegen helfen werden. Sie geben euch Rückenwind und werden euch immer ein klein wenig anschieben, wenn ihr durch die Wolken braust, und sie werden euch an weit entfernte Orte mitnehmen, an denen ihr noch nie zuvor gewesen seid.

Flieg doch einfach los und spüre, wie schön es ist, ganz leicht in der Luft zu segeln und dabei von den Winden unterstützt zu werden! Aber hör genau zu, was Parthia und die Winde dir erzählen, während du fliegst...

Der Clown

D as Gras unter deinen Füßen ist kühl, die hohen Bäume sind alle mit grünen Blättern bedeckt. Der leichte Wind fährt durch ihre Zweige und streicht sanft durch deine Haare, während du den Weg entlangschlenderst.

In deinem Garten sind alle sehr aufgeregt. Spürst du das? Die Bäume schütteln ihre Zweige und die Blumen nicken dir mit den Köpfchen zu, als du an ihnen vorbeigehst.

Was ist denn nur los? Um das herauszufinden, mußt du noch ein Stück weiter gehen. Nanu, habe ich da nicht ein Lachen gehört? Wenn du um diesen großen Baum herumgehst, findest du bestimmt heraus, wo das Lachen herkommt.

In deinem Garten wartet jemand auf dich, der sich verkleidet hat ... ein Clown!

Seine Schuhe sind viel größer als seine kleinen Füße. Sie sehen aus, als ob er jeden Moment darüber stolpern würde, wenn er ein paar Schritte damit gehen wollte. Allerdings rührt er sich nicht vom Fleck. Du schaust auf diese knallroten Schuhe und mußt richtig lachen, so komisch sehen sie aus. Sie sind ungeheuer groß und haben orangefarbene Schnürsenkel. Das große, schlaff an seinem Körper herabhängende Gewand des Clowns ist mit einem Muster aus großen, grün, gelb, golden und orange ge-

färbten Karos bedeckt. Und schau nur, wie
der Clown geschminkt ist! Über seinen
richtigen Mund wurde ein großer, roter
Mund gemalt und sein Gesicht ist weiß wie
Kalk.

Der Clown nimmt dich bei der Hand. Er
möchte, daß du mit ihm auf die Lichtung
gehst, auf der sich schon viele Menschen ver-
sammelt haben, die auf den Beginn seiner
Vorstellung warten.

Schau nur, mit wie vielen Bällen der
Clown jongliert! Und es sieht so leicht aus,
nicht wahr? Er will, daß ihm jemand assi-
stiert und bittet dich, in die Mitte zu treten
und ihm zu helfen. Ich glaube, du würdest
das ganz gern tun.

Jetzt geht er zu einem Koffer, den er an einem Baum abgestellt hat, und nimmt ein
kleines Clownskostüm heraus: ein Paar
ziemlich alberne Schuhe und einen verrück-

ten Hut. Das ist für dich! Na, dann zieh es doch an und mach einfach mit!

Der Clown springt auf und ab und schlägt Rad. Er gibt dir mit einem Wink zu verstehen, daß du das Gleiche tun sollst.

Dann schnappt er sich eine kleine rote Schubkarre mit braunen Rädern und grünen Speichen. Er fordert dich auf hineinzuklettern, damit er dich umherschieben kann. Immer wieder zerrt er an der Schubkarre, während er sie im Kreis herumfährt, und bringt die Leute damit zum Lachen. Dann will er selbst in die Schubkarre steigen, damit du ihn herumschieben kannst. Aber er ist viel zu groß für die kleine Karre. Seine Beine hängen an den Seiten heraus und seine lustigen Schuhe ragen in die Luft.

Versuch doch mal, selbst mit den Bällen zu jonglieren. Es sind sechs Bälle in verschiedenen Farben und es scheint nicht besonders schwierig zu sein, sie alle gleichzeitig in die Luft zu werfen. Du könntest sogar einen ins Publikum schleudern, dann wird ihn dir jemand wieder zurückwerfen ...

Das Weltall

 roßvater Baum sieht im Mondlicht besonders schön aus. Der leichte Wind weht durch seine Zweige, raschelt in seinen grünen Blättern und klingt wie Musik. Es ist Nacht. In deinem Garten ist es ganz still. Die Blumen haben ihre Köpfe nach hinten geneigt, um das Licht der vielen Sterne in sich aufzunehmen. Das Sternenlicht verschmilzt mit dem Licht des Vollmonds, der satt und rund am Himmel steht.

Leg dich doch einfach hin und schau dir die Sterne an. Weißt du, daß Sterne die unterschiedlichsten Namen haben? Wenn du willst, kannst du sogar ein paar davon nach dir oder deinen Freunden benennen. Manche Sterne wirken größer und heller als andere, weil sie tatsächlich größer sind oder nicht so weit von der Erde entfernt liegen. Andere funkeln von ganz weit weg. Ihr Licht ist schwächer.

Einige Sterne bilden ein breites Band, das wie eine Straße aussieht, andere stehen einzeln im Raum.

Kannst du ein Muster in den vielen Sternen erkennen? Möchtest du vielleicht einmal hinter diese Sternbilder schauen, um herauszufinden, was es dort draußen sonst noch alles gibt?

In dem großen, weiten Weltall gibt es viele verschiedene Planeten. Manche davon kennen wir, zum Beispiel die Planeten Merkur, Venus, Mars, Jupiter, Saturn, Neptun, Uranus, Pluto und Chiron, aber viele andere Planeten sind überhaupt noch nicht entdeckt.

Hast du Lust, einen Planeten zu besuchen, den noch kein Mensch kennt? Schau nur, da schwebt doch tatsächlich ein Stern zu deinem Garten herunter und landet genau neben dir. In seiner Mitte öffnet sich eine kleine Tür – und du trittst ein. Der Stern nimmt dich mit und trägt dich ganz hoch in den samtenen Himmel hinein. Während er mit dir davonfliegt, kannst du hinausschauen und siehst das Licht, das er aussendet, und ganz weit unter dir die Erde.

Wie in einem Raumschiff kannst du in diesem Stern durch das Weltall und sogar noch weiter bis in andere Galaxien fliegen, über die wir so wenig wissen.

Schau nur, da vorn ist ein ganz großer Pla-

net! Er sieht ganz anders aus als die Erde.
Ob es dort Lebewesen gibt, die denen auf unserem Heimatplaneten ähneln? Vielleicht sehen sie ja auch ganz anders aus als alles,
was du bisher gesehen oder kennengelernt
hast. Allerdings bin ich mir sicher, daß sie
dich herzlich empfangen, wenn du sie
freundlich grüßt.

Möchtest du auf diesem großen Planeten
landen? Oder würdest du lieber in eine bestimmte Galaxis fliegen, um zu sehen, welche Geheimnisse dort zu entdecken sind?

Der brüllende Löwe

u spürst den Frieden und die Harmonie in deinem Garten. Der Himmel ist tiefblau und mit kleinen Wolken übersät. Die Sonne verströmt ihr sattes, goldgelbes Licht, das durch die Bäume fällt und alles mit hellen Lichtflecken besprenkelt.

Vögel zwitschern und Kaninchen hoppeln herum, Löwen brüllen und Eichhörnchen sausen an den Stämmen der Bäume hoch, um die Nüsse in Sicherheit zu bringen, die sie gesammelt haben. Affen schwingen sich von Ast zu Ast. Hunde, Katzen, Elefanten und Kamele sind zu sehen, Papageien leuchten in den buntesten Farben. Alle warten auf dich.

Da kommt ein kleiner Affe auf dich zu. Schau nur, er streckt dir seine Hand entgegen, als wolle er dich an einen Ort mitnehmen, der tief in deinem Garten liegt.

Vielleicht kannst du ja auch wie ein Affe von Ast zu Ast springen und dich an Kletterpflanzen von einem Baum zum nächsten schwingen.

Dein Affe hält inne und zeigt auf den unter euch liegenden Felsen. Ein Löwe schläft dort. Er hat ein wunderschönes, glattes, goldbraunes Fell, das im Sonnenlicht glänzt. Schau nur, er wacht gerade auf, erhebt sich und streckt seinen Körper! Die Beine spannen sich an und werden wieder locker, als er sich hinsetzt.

Das prächtige Tier sitzt auf seinem hoch über das Tal ragenden Felsen und blickt über das Gebiet um sich herum, als gehörte es ihm. Jetzt öffnet der Löwe das Maul und läßt ein Brüllen ertönen, das im ganzen Tal widerhallt.

Andere Tiere antworten auf das Brüllen. Dreimal hintereinander läßt der Löwe seine herrliche Stimme erklingen. Ich glaube, er ruft die anderen Tiere zu sich.

Dein Affe klettert den Baum hinab, hält direkt über dem Kopf des Löwen inne und springt auf den Felsen hinunter. Er lädt dich ein, dich zu den Tieren zu gesellen. Es ist gar nicht so schwer, vom Baum auf den Felsen hinunterzuklettern. Du brauchst dich nur hin und wieder kurz auszuruhen. Bald schon stehst du neben dem Affen und schaust dem

Löwen direkt in die gelbbraunen Augen.

Wieder reißt er seinen Rachen weit auf und sein Brüllen wird von den Bäumen zurückgeworfen und hallt durch das ganze Tal. Es ist der Willkommensgruß des Löwen für dich. Ob du wohl genauso brüllen kannst wie der Löwe? Ich glaube schon. Füll einfach deine Lunge mit Luft und dann − brüll los! Na, das hört sich ja toll an! Der Löwe trottet zu dir herüber, stellt sich neben dich − und jetzt brüllt ihr beide zusammen und ruft alle Tiere herbei.

In deinem Garten leben alle Tiere friedlich miteinander und kommen gern zusammen, besonders wenn sie einen Gast wie dich haben.

Hast du dich schon einmal gefragt, wie es wohl ist, ein Löwe zu sein? Vielleicht könntest du dich ja einfach in den Körper eines Löwen hineinwünschen. Dann kannst du dir

die Welt aus gelbbraunen Löwenaugen anschauen. Sieht die Welt durch die Augen eines Löwen vielleicht ganz anders aus? Brüll
noch einmal und laß alle Tiere wissen, daß
du da bist …

Der fliegende Sessel

Heute ist es ganz still in deinem Garten. Schon beim Hereinkommen merkst du, daß alle gespannt auf etwas warten. Die Tiere sitzen um die Stämme der vielen Bäume, die Blumen nicken mit ihren Köpfchen, verströmen ihren wunderbaren Duft und leuchten in allen Regenbogenfarben. Zart fallen die Sonnenstrahlen auf den Platz, an dem du stehst. Sanft bewegen sich die Bäume in der leichten Brise.

Vor dir erhebt sich ein kleiner Hügel. Und dort oben steht ein Sessel. Na, das ist vielleicht ein komischer Platz für einen Sessel!

Der Sessel ist sehr groß, grün und gelb gestreift und hinten und an den Armlehnen dick gepolstert, die roten Fransen, die von den Armlehnen herunterhängen, schwingen im Wind leicht hin und her.

Das scheint ja genau der richtige Sessel zu sein, um es sich darin bequem zu machen. Na, komm schon, setz dich hinein und zieh doch mal an den roten Fransen, die von den Armlehnen herabhängen. Wenn du das machst, erscheinen von links und rechts alle möglichen seltsamen Instrumente, bis schließlich eine richtige Instrumententafel auf deinem Schoß liegt.

Dieser Sessel kann fliegen. Was wohl passiert, wenn du jetzt auf den Startknopf drückst?

Mit einem leichten Zittern bereitet sich der Sessel auf den Abflug vor. Er hebt sich lautlos in die Lüfte, schwebt über dem Hügel und wartet dort auf deine Kommandos.

Dieser Sessel nimmt dich mit, wohin du willst. Du könntest mit ihm in ein Land reisen, in dem du noch nie gewesen bist. Du kannst aber auch deine Freundin besuchen und sie überraschen, indem du mit diesem buntgestreiften Sessel in ihrem Hof landest. Ich bezweifle, daß außer dir noch jemand einen grüngelben Sessel hat, der von einem Ort zum anderen fliegt.

Was ist das eigentlich für ein Gefühl, hoch oben in der Luft sicher in einem Sessel zu sitzen und die Erde unter sich zu betrachten? Unter dir erkennst du einen Park mit Wasserrutschen, Schaukeln und Klettergerüsten. Ich sehe sogar einen Strand mit schönem goldenem Sand. Und ganz hinten glänzen schneebedeckte Berggipfel.

Willst du noch ein paar Schaltknöpfe ausprobieren? Auf einem Knopf steht »kopf-
über«. Wenn du darauf drückst, steht der
Sessel auf dem Kopf. Wenn du jetzt den
Knopf mit der Aufschrift »richtig herum«
drückst, richtet er sich wieder auf …

Sonne und Sonnengott

In deinem Garten riechst du den lieblichen Duft der goldgelben Narzissen. Die Luft ist frisch und klar und ganz erfüllt vom satten Duft der Blumen. Der riesige, goldene Sonnenball hüllt die Bäume mit seiner milden Wärme ein und diese heißen die Sonnenstrahlen mit einer Bewegung ihrer Zweige willkommen. Wenn du ganz still bist, kannst du hören, wie sie sagen: »Kommt zu mir, kommt zu mir!« Die Bäume wissen nämlich, daß sie die Sonne brauchen, um zu wachsen.

Du legst dich auf den Rücken und spürst die Wärme der Sonne auf deiner Haut, fühlst, wie diese Wärme jeden Teil deines Körpers berührt. Es fühlt sich einfach toll an, wie die Sonnenstrahlen über deinen Körper hinwegtanzen und wie die leichte Brise deine Haut abkühlt.

Ein Sonnenstrahl wird jetzt immer kräftiger. Du hast den Eindruck, daß er genau aus der Mitte der Sonne kommt. Im Zentrum dieses Strahls siehst du den Sonnengott, der heruntergekommen ist, um dich mit zur Sonne zu nehmen. Hast du Lust, mit ihm zu gehen? Dann brauchst du nur noch in diesen breiten Lichtstrahl zu treten, deine Hand in die des Sonnengottes zu legen und los geht's.

Während du in den Himmel aufsteigst, fühlst du, wie es um dich herum ganz ruhig

und friedlich wird. Du schwebst durch die
Wolken auf die Sonne zu und läßt die Erde
hinter dir.

Ist das nicht schön? Und schon stehst du
auf der Oberfläche der Sonne, fühlst deren
Licht und merkst, daß du dich ganz frei um-
herbewegen kannst. Du siehst, daß die Sonnenstrahlen von hier bis zur Erde reichen
und Menschen, Tieren und Pflanzen ihr gol-
denes Licht schicken. Das Sonnenlicht läßt
die Wasserfälle funkeln und die Seen und
Meere glitzern. Es macht die Tiere, die gerade ein Nickerchen halten, noch schläfriger,
weil sie die Hitze auf ihrem Fell oder auf ihren Federn spüren.

Von deinem Platz aus kannst du auch
noch andere Planeten sehen, die ihr Licht
von der Sonne empfangen. Und weit in der
Ferne siehst du sogar noch andere Son-
nen.

Der Sonnengott nimmt dich jetzt mit zum
Mittelpunkt der Sonne, ins Zentrum unserer
Welt. Dort wohnt seine Familie. Wenn du
eine Weile bei ihnen bleibst, kannst du herausfinden, wie sie die Sonnenstrahlen steuern. Vielleicht machst du das dann sogar
selbst und schickst allen Wesen auf der Erde
Licht ...

Die Orgel

as Grün der Bäume und des Grases ist auffällig üppig. Überall sind Hyazinthen und Rosen in allen Farben zu sehen. Zwischen ihnen leuchten die gelben Köpfchen der Gänseblümchen mit ihren weißen Blütenblättern.

In deinem Garten ist es heute ausgesprochen ruhig. Selbst die Bäume scheinen reglos dazustehen, kein Blatt rührt sich. Die Tiere sind verstummt und spitzen die Ohren. Die

Blumen neigen ihre Köpfe, als könnten sie etwas hören, das du nicht hörst. Was mag das wohl sein?

Und wenn du ganz genau hinhörst? Ich höre eine himmlische Musik. Sie scheint aus der Richtung zu kommen, in der Großvater Baum steht. Geh doch einfach mal zu ihm hinüber und schau nach, was dort los ist.

Großvater Baum breitet seine grünen Zweigen über ein sehr großes Instrument. Das Instrument hat viele Tasten, die nur darauf warten, gespielt zu werden. Viele Pfeifen unterschiedlicher Dicke und Länge ragen hinter den Tasten in die Höhe.

Eine Orgel ist das, und zwar die schönste Orgel, die du jemals gehört hast. Es gibt eigentlich niemanden, der diese Orgel spielt, nur der Wind streicht über die Tasten und berührt sie leicht. Das ist die Musik, die wir gehört haben.

Sie lockt alle an und alle kommen, setzen sich hin und hören zu. Rasch hat sich die Lichtung mit Tieren, Feen und Elfen gefüllt. Vögel fliegen herbei und lassen sich auf den Zweigen nieder, ihre Jungen piepsen leise im Einklang mit der Musik.

Was würdest du jetzt am liebsten tun? Du kannst dich auch auf die Lichtung setzen und der Musik lauschen, aber vielleicht willst du ja lieber selbst Orgel spielen.

Großvater Baum lächelt und winkt dir mit einem seiner langen beblätterten Arme zu. Du sollst dich auf den kleinen Hocker vor der Orgel setzen. Er wünscht sich, daß du jetzt Orgel spielst. Warum versuchst du es nicht einfach? Setz dich auf den Hocker, er wird sich genau auf die richtige Höhe für dich einstellen.

Die Orgel hat eine Menge Knöpfe, die du bewegen kannst, damit die Klänge, die mit den Orgelpfeifen erzeugt werden, gut zusammenpassen. Du kannst alles ausprobieren und die Knöpfe solange verstellen, bis es genauso klingt, wie es für dich richtig ist.

Und jetzt spielst du ein ganzes Stück. Orgelmusik ertönt und füllt den ganzen Garten mit Freude. Die vielen kleinen Wesen, die deinen Garten bevölkern, lauschen deinem Orgelspiel und wiegen sich zu seinen Klängen hin und her. Einige tanzen sogar.

Ein Notenblatt brauchst du nicht, denn du hast die Musik im Blut. Sie fließt einfach aus deinen Fingerspitzen. Du kannst die Melodie verändern, so oft du willst. Vielleicht hast du dich ja für ein Potpourri entschieden, vielleicht aber auch für ganz ruhige Klänge. Du entscheidest, was du spielen willst …

Das Unterseeboot

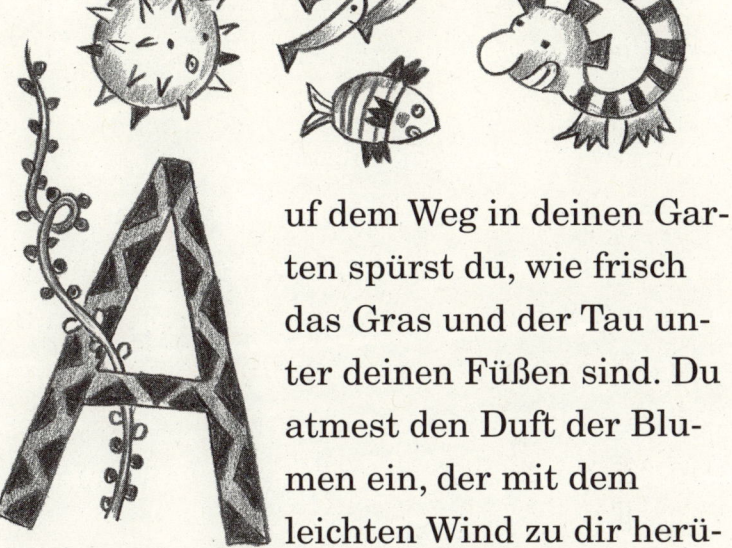

Auf dem Weg in deinen Garten spürst du, wie frisch das Gras und der Tau unter deinen Füßen sind. Du atmest den Duft der Blumen ein, der mit dem leichten Wind zu dir herüberweht. Hoch oben im samtenen Blau des Himmels ziehen Wolkenschleier dahin und bilden verschlungene Muster.

Die Sonne schickt ihr wunderschönes warmes Licht in deinen Garten und läßt ihn aufleuchten. Bäume und Blumen genießen die Wärme der Sonne, die sie wachsen und gedeihen läßt. Während du den Pfad entlanggehst, hörst du plötzlich das Rauschen des Meeres. Und wenn du noch ein Stückchen weitergehst, kommst du an deinen ganz besonderen Strand.

Goldgelb glänzt der Sand im Sonnenlicht und knirscht unter deinen Füßen. Die Möwen stoßen über dem blau schimmernden Wasser nach unten und gleiten über die auf die Küste zurollenden Wellen hinweg. Kleine Krabben huschen über die Felsen, um in den kleinen Wassertümpeln, die sich dort gebildet haben, Schutz zu suchen.

Ein paar vor der Küste im Wasser liegende Schiffe heben sich deutlich vom Horizont ab. Einige von ihnen sehen mit ihrer Takelage aus wie die alten Schoner, die früher einmal über die Weltmeere gefahren sind; andere sind ganz modern und elegant.

Lauf einfach über den Strand, wirf dich in die Wellen, die über den Sand rauschen, und laß dich von ihnen hinaus zu den Schiffen treiben. Du kannst natürlich auch schwimmen oder dich auf den Rücken legen und von den Wellen dorthin tragen lassen.

Jetzt bist du bei den prächtigen, großen Schiffe angekommen. Während du die alten Schoner betrachtest, entdeckst du ganz in der Nähe noch ein anderes Schiff. Es sieht aus wie eine riesige Zigarre mit einem Turm darauf, der sich hin und her bewegt und wie ein verlängertes Auge den Horizont absucht. Genau, das ist ein Unterseeboot mit seinem Periskop!

Warst du schon einmal auf einem Unterseeboot? Schau nur, da klettert gerade jemand heraus und winkt dir zu! Das muß der

Kapitän sein. Er möchte, daß du zu ihm kommst. Es macht Spaß, den Bauch dieses U-Bootes mit ihm zu besichtigen. Dort ist alles ganz anders als auf einem normalen Schiff.

Du kannst jetzt selbst das Periskop bedienen und damit beobachten, was über der Wasseroberfläche vor sich geht. Aber jetzt mußt du es einziehen, denn alle Luken werden geschlossen, weil das Unterseeboot auf Tauchfahrt geht.

Auf einem U-Boot gibt es viel zu sehen. Die Männer an Bord schlafen in Kojen übereinander. Du kannst dir auch anschauen, wo sie essen. In ihrer kompakten Küche fehlt es an nichts und das Essen ist immer frisch und köstlich.

Vielleicht erlaubt der Kapitän des Unterseebootes dir, das Boot auch mal ganz allein zu steuern. Dann könntest du ganz tief ins

Wasser hineinsinken, so tief wie du normalerweise nie kommen würdest. Du kannst dir
all die vielen großen und kleinen Fische anschauen, die vorüberschwimmen. Sieh nur,
ein Hai! Und da hinten … Das ist ja ein Tin-
tenfisch! Ach, es gibt so vieles, was du auf einem Unterseeboot tun und erleben kannst …

Eine Reise
in den Weltraum

Du gehst durch deinen Garten und spürst die warme Sonne auf deinem Rücken. Dein Weg führt dich einen kleinen Hügel hinauf und der Wind fährt dir leicht durch die Haare. Vom Gipfel des Hügels aus kannst du ganz weit in die Ferne sehen.

Wie schön wäre es, einmal ganz mühelos durch den Weltraum zu reisen und sich dabei völlig zeitlos zu fühlen! Um in den Weltraum zu reisen, gibt es verschiedene Möglichkeiten. Beispielsweise könntest du dir eine Rakete auf den Rücken schnallen und einfach »Starten« rufen. Vielleicht hast du aber auch dein eigenes Raumschiff oder »wünschst« dich einfach in den Weltraum.

Dieses Mal nimmst du dein Raumschiff, das du auch selbst steuern kannst. Du trägst einen silbernen Raumanzug, in den purpurfarbene Fäden eingearbeitet sind. Deine Schuhe sind viel schwerer als sonst, damit du leichter von einem Felsen zum nächsten springen kannst. Einen Helm brauchst du nicht, denn du hast keine Schwierigkeiten mit dem Atmen. Wenn du allerdings lieber einen Helm tragen möchtest, kannst du das tun. Vielleicht willst du dir aber auch irgendeinen anderen Hut aufsetzen, zum Beispiel einen, der ganz hoch, spitz und purpurfarben ist, mit silbernen Fäden durchwirkt und vielleicht mit einem purpurfarben Visier, damit deine Augen nicht geblendet werden.

Jetzt stehst du vor dem Steuerpult deines Raumschiffs. Viele Knöpfe und Hebel sind da zu sehen, aber du weißt genau, welche Knöpfe gedrückt werden müssen und an welchen Hebeln du ziehen sollst. Du drückst den Knopf, auf dem »Zum Starten drücken« steht – und schon hast du die Erdoberfläche verlassen.

Dein Raumschiff fliegt mit unglaublicher Geschwindigkeit in den Weltraum hinein. Die Erde bleibt unter dir zurück. Wunderschön ist die Reise, die Sterne sind riesengroß. Schau nur, wie deutlich sich der leuchtend goldene Mond vom samtschwarzen Himmel abhebt! Wenn du magst, kannst du auf die Rückseite des Mondes fliegen, auf der noch nie ein Mensch gewesen ist. Oder du fliegst zur Sonne.

Jetzt fliegst du noch weiter in den Weltraum hinaus. Gib ordentlich Gas! Du kommst dir plötzlich ganz zeitlos vor. So etwas hast du noch nie zuvor erlebt. Planeten wirbeln an dir vorüber. Du fliegst in andere Galaxien hinein, in andere Zeiten und in ganz fremde Welten.

Wo möchtest du am liebsten landen? Auf einem Stern? Oder auf einem Planeten? Ob es wohl Lebewesen auf diesen Sternen und Planeten gibt? Du wirst wieder langsamer und steuerst mit deinem Raumschiff vorsichtig auf den Stern oder Planeten zu, den du dir ausgesucht hast. Du brauchst gar keine Angst zu haben, denn wo immer du auch landest und wohin du auch kommst, überall triffst du Lebewesen, die dich willkommen heißen und dir ihre Welt zeigen.

Jetzt verläßt du dein Raumschiff, begibst dich auf deinen Erkundungsgang und kommst an einen Ort, an dem noch nie zuvor jemand von der Erde gewesen ist ...

Gänse, Enten
und Schwäne

J n deinem Garten hörst du
heute, wie die Blumen
miteinander plaudern und
wie das Gras wächst, das
einen weichen Teppich un-
ter deinen Füßen bildet
und sich immer gleich wie-
der aufrichtet, nachdem du darüber gegan-
gen bist. Bienen fliegen von Blüte zu Blüte
und auf der Lichtung tanzen Feen und Elfen.
Du fühlst, wie die Wärme der Sonne dich
liebkost und wie eine leichte Brise sanft

durch dein Haar streicht. Du hörst, wie die Vögel einander zuzwitschern. In deinem Garten leben alle Geschöpfe in Einklang miteinander.

Spüre den Frieden, der in deinen Garten hineinströmt, und fühle, wie sanft und zart alles ist, was sich darin befindet. Vor dir windet sich der Weg durch die Bäume und führt dich an einen wunderschönen, von Trauerweiden eingefaßten See. Die langen Zweige dieser Bäume hängen wie Finger in das Wasser hinein und bewegen sich mit dessen Bewegungen hin und her.

Im Schatten eines Sonnenschirms steht ein kleiner Tisch mit belegten Broten und Getränken. Außerdem liegen ein paar Brotstücke da. Wofür dieses Brot wohl gedacht ist?

Mach es dir bequem und schau auf das Wasser. Wenn du genau hinsiehst, wirst du erkennen, daß unter der Wasseroberfläche Karpfen umherschwimmen. Im Schilf schnellen viele goldene Fische hin und her.

Schau mal, von dort drüben kommt eine ganze Gänseschar auf dich zu! Sehen die nicht drollig aus, wie sie auf ihren Schwimmfüßen daherwatscheln?

Doch jetzt höre ich noch andere Laute, die nicht von den Gänsen stammen. Hör nur ... quack, quack, quack! Mit lautem Geschnatter kommen ein paar Enten in deine Richtung geschwommen. Sie freuen sich, daß du da bist.

Und am gegenüberliegenden Ufer des Sees siehst du ein paar Schwäne, die majestätisch zu dir herüberschwimmen.

Nun, jetzt weißt du, wofür das Brot da ist. Die Tiere wollen gefüttert werden! Brich ein paar Brotstücke ab und lege sie auf den Boden vor dir. Das wird die Tiere dazu bewe-

gen, aus dem Wasser zu kommen und mit dir
zusammen zu essen. Die Gänse schnappen
sich die kleinen Brotstückchen, bevor die Enten und Schwäne kommen. Vielleicht be-
wahrst du ein bißchen Brot für die langsa-
meren Tiere auf.

Ob die Vögel wohl Namen haben? Du
kannst dir ein paar Namen ausdenken und
sie damit rufen. Dann kommen sie bestimmt
so nah an dich heran, daß du sie mit der
Hand füttern kannst. Sie lassen sich gern
von dir füttern und machen beim Fressen die
unterschiedlichsten Geräusche ...

Die vier Winde

aum hast du deinen Garten betreten, merkst du, wie zart die Luft deine Wangen streichelt. Die goldene Sonne steht hoch am tiefblauen Himmel und wärmt die Erde und all ihre Geschöpfe.

Der Weg vor dir schlängelt sich durch das weiche Gras, das noch ganz naß ist vom Tau, und führt einen Hügel hoch, der ganz leicht zu besteigen ist.

Oben angekommen, fühlst du, wie die leichte Brise deinen Körper umfächelt. Du merkst aber auch, daß der Wind jetzt stärker wird. Das Lüftchen raunt dir zu, daß es jetzt mit dem Westwind eins geworden ist und daß dich der Westwind, wenn du möchtest, dorthin mitnehmen kann, wo sich gleich alle Winde treffen werden.

Und schon umhüllt dich der Wind mit seiner Energie und trägt dich vorwärts. Spürst du die Kraft des Windes, der dich zu dem Punkt bringt, an dem Winde aus allen Richtungen zusammenkommen?

Schau nur, dort kommt der Nordwind! Er lacht, während er auf und nieder fegt und herumhüpft wie ein junges Zicklein. Dann nimmt er dich bei der Hand und führt dich in den nördlichen Teil deines Gartens, so daß du von oben sehen kannst, was dort geschieht. Erkennst du dein Zuhause? Oder vielleicht deine Schule?

Sanft kommt der Ostwind heran und weht um dich herum, während er mit dem Nordwind spricht. Die beiden fragen sich, wo wohl der Südwind geblieben ist. Ach, da hinten ist er ja! Jetzt hat er den Westwind eingeholt, und beide fegen dahin, um sich mit den anderen Winden zu treffen – und mit dir.

Als alle Winde beieinander sind, blasen sie dich ganz hoch in die Luft, so daß du nur so hin und her rollst, bis du wieder nach unten sinkst. Das ist ein Riesenspaß, und die Winde lachen, während sie dich jetzt ganz sanft hochblasen und wieder sinken lassen.

Du kannst mit den Winden reisen und erleben, wie es sich anfühlt, über die Felder hinwegzufegen und dabei das Korn und die Blumen niederzudrücken. Wie es sich wohl anfühlen mag, durch die Blätter der Bäume zu sausen, durch das Gefieder der Vögel fahren und über das Fell der Tiere zu streichen?

Wenn die Winde über der Wüste nach unten stoßen, wirbeln sie den Sand hoch in die Luft. Sie können auch die Wellen des Meeres aufpeitschen, so daß die Wassertröpfchen in alle Richtungen davonfliegen.

Über dir steht eine große, weiße Wolke. Möchtest du dich auf sie hinaufpusten lassen? Frag die Winde doch einfach, ob sie dich sanft emporheben und auf dieser weichen, weißen Wolke absetzen ...

Die Pferde

pür doch nur, wie frisch
die Luft ist, die dich um-
gibt, deine Haut streichelt
und wie mit zarten Fin-
gern in deinen Haaren
spielt. Löwenmäulchen in
ihrer ganzen Farbenpracht
stehen in deinem Garten und das grüne
Gras unter deinen Füßen fühlt sich an wie
Samt. Die hohen Bäume beugen sich leicht
im Wind, der ihnen durch die Zweige fährt,
und der Duft der Rosen umweht dich.

Irgend etwas ist los in deinem Garten. Vor dir am Boden stehen mehrere Tüten Zucker. Außerdem kann ich alle möglichen Geräusche hören und die verschiedensten Gerüche wahrnehmen. Hör nur! Wie Donnergrollen hört sich das an, was da näherkommt.

Eine Pferdeherde galoppiert dir entgegen. Wie schön diese Pferde sind. Nicht eines, nein, zwei ganz unterschiedliche Pferde führen die Herde an: ein pechschwarzer Rappe und ein schneeweißer Schimmel.

Jetzt bäumen sie sich vor dir auf, stellen sich auf die Hinterbeine und schlagen mit den Vorderbeinen in die Luft, als ob sie dich begrüßen wollten. Dann kommen sie wieder auf den Boden zurück und bewegen sich auf dich zu, damit du ihren Hals tätscheln und ihre Mähnen streicheln kannst.

Die Herde kommt heran und bleibt hinter den beiden Leitpferden stehen. Einige der

Pferde sind braun mit weißer Zeichnung, andere sind gescheckt. Wieder andere sind weiß mit braunen und schwarzen Flecken. Manche Stuten werden von scheuen Fohlen begleitet.

Die Pferde laufen wild durcheinander und wollen näher an dich heran, um von dir getätschelt zu werden. Die beiden Leitpferde stehen schon wieder auf ihren Hinterbeinen und wiehern laut, als wollten sie den anderen Pferden zu verstehen geben, daß sie sich dir ruhig nähern können.

Heb doch eine der Zuckertüten auf und gib jedem Pferd ein Zuckerstückchen! Den kleinen Fohlen kannst du ja ein halbes Stück Zucker geben.

Fühlt sich das nicht toll an, wenn die Pferde den Zucker von deiner ausgestreckten Hand nehmen und dich dabei mit ihrem Maul liebkosen? Du kannst sie hinter den

Ohren oder auf der Nase streicheln. Die Pferde haben große, klare Augen und sind ganz zutraulich.

Hättest du nicht Lust, dir ein Pferd zum Reiten auszusuchen? Zuerst könntest du eine Weile auf dem Rappen reiten und dann den Schimmel nehmen. Oder möchtest du lieber eines der gescheckten Ponys?

Einen Sattel brauchst du nicht. Schwing dich einfach auf den Rücken des Pferdes, das du dir ausgesucht hast. Das Pferd schreitet zuerst langsam dahin, dann trabt es los, fällt in einen leichten Galopp und galoppiert schließlich ganz schnell dahin. Fühl nur, wie der Wind an deinem Gesicht vorbeipfeift, während das Pferd dahinfliegt und seine Hufe immer wieder sicher auf den Boden aufsetzt.

Jetzt wird dein Pferd langsamer und bleibt schließlich stehen. Vor dir liegt ein breiter

Fluß, der von Bäumen mit tief herunterhängenden Zweigen beschattet wird. Es ist an der Zeit, daß sich die Herde ein wenig ausruht und von diesem kühlen Wasser trinkt.

Du kannst jetzt von deinem Pferd herunterrutschen und eine Weile mit den Fohlen spielen ...